HEXENWERK

Wildkräuter-Sammelsurium rund um's Jahr

All-Wetter-Tagebuch

von Ulla Janascheck & Elise Richer

ISBN 978-3-99025-215-4

3. Auflage

www.freya.at

Layout: freya_art, Christina Diwold
Lektorat: Mag. phil. Dorothea Forster
Illustrationen: Manuel Siesenop
Fotos: Ulla Janascheck, Elise Richer, Wolf Ruzicka

printed in EU

Ulla Janascheck & Elise Richer

Hexen WERK

Wildkräuter-Sammelsurium rund um's Jahr

All-Wetter-Tagebuch

freya

Inhalt

Kräutertagebuch

Einmal 'rum im Kräuterjahr – ein Tag in der Woche ist Wildkräuterzeit für uns – ein Jahr lang sind wir ihnen nachgegangen, haben uns von ihnen führen lassen, sie gesucht oder sind von ihnen überrascht worden – jedes Mal hatten wir eine schöne Zeit in der Natur und viele wunderbare Erlebnisse. Das alles haben wir in diesem Tagebuch dokumentiert.

Mit den Wildkräutern ist es nämlich so: Je tiefer wir uns auf sie einlassen, desto mehr Einsichten schenken sie uns. Je mehr wir sie lieben, achten und uns mit ihnen beschäftigen, desto stärker gehen sie in Resonanz mit uns. Und dann geschieht, was keiner zuvor geglaubt hätte.

Wildkräuter bestehen nicht nur aus botanischen Namen und Inhaltsstoffen, sondern sind eingebunden in ein morphogenetisches Feld, ein Informationsfeld, das unsere Vorfahren als „Pflanzengeist" bezeichneten. Und diese Pflanzengeister scheinen gerne im Kontakt und Austausch mit uns Menschen zu sein, sofern wir ihnen Wertschätzung und Respekt entgegenbringen. Dieses Wissen lebt bis heute in den wenigen verbliebenen Naturvölkern und unterschiedlichen schamanischen Ritualen weiter.

Es gibt viele Wege, die Wildpflanzen zu erkunden. Wir können sie studieren, in Büchern nachlesen, was andere bereits herausgefunden haben, wir können sie aber auch ganz absichtslos erfahren. Dann fühlen wir uns hinein in den „Pflanzengeist“, atmen seinen/ihren Duft ein, beobachten, wie er/sie sich bei Wind und Wetter verhält, in welcher Umgebung er/sie sich wohlfühlt, schauen, welche „Signaturen“ das Wildkraut trägt – wie die Blätter, Blüten, Wurzeln beschaffen sind und aussehen, und assoziieren ...

Auf diese Art verbinden wir unser rationales Wissen über Beobachtung und innere Begegnung mit unserer Intuition zu einer Ganzheit. Wir sammeln persönliche Erfahrungen. So bleiben wir in einer lebendigen Berührung mit der Natur – was kann es Schöneres geben?

Uns haben die Wildpflanzen viel Kraft und Freude geschenkt – und das wird auch so bleiben, denn immer wieder geschieht Neues im großen Rund. Wir sind viel draußen, auf unterschiedlichen Wegen unterwegs, und lassen uns hierhin und dorthin „rufen“. Manchmal schenkt uns eine noch unbekannte Wildpflanze ihren Namen, weckt einen Eindruck über ihre Wirkung, hilft uns dabei, uns zu erinnern, oder macht uns so neugierig, dass wir alles über sie nachlesen wollen. Andermals ist es einfach schön, sich aus der Tiefe von ihr berühren zu lassen. Und wieder andere duften oder sehen so lecker aus, dass wir gleich etwas daraus zubereiten wollen.

Wir haben viele Rezepte ausprobiert, sind entweder mit unseren Funden heimgekehrt und haben dann überlegt, was damit zu tun ist, oder wir haben nach Zutaten für ein Rezept gesucht, das wir gerne zubereiten wollten. Meist war es Ersteres.

Unsere Wildkräuter-Erlebnisse von Februar bis Februar haben wir dokumentiert – in Bild und Schrift.

DANKE

Danke an Manuel Siesenop für die tollen Cartoons, danke an Julian und Dani fürs Mitdichten der kleinen Merkhilfen zu den Kräutern und die vielen Testessen und danke an Sigrid Hirsch, der die Idee unseres Wildkräuter-Tagebuchs so gut gefiel, dass es zu einem Buch werden konnte.

Wir wünschen allen Leser-innen genauso viel Spaß damit, wie wir hatten!

Die Harmonie heiliger Zeiten und Orte

Unsere Seele braucht immer wieder eine Auszeit vom betriebsamen Alltag mit seinen regelmäßigen, oft fremdbestimmten Gewohnheiten. Denn unsere Seele ist auf die allem zugrunde liegende Harmonie ausgerichtet und möchte diese, sobald verloren, immer wieder aufs Neue herstellen. Das bedeutet für sie „Ent-Wicklung". Harmonie ist in diesem Sinne gleichbedeutend mit In-Verbindung-Sein, Dissonanzen entstehen durch Abspaltung und Isolation.

In der Natur kann unsere Seele Verbindung mit den Wildkräutern, Wildpflanzen, Büschen, Sträuchern und Bäumen aufnehmen. Für sie ist es selbstverständlich, Teil des Ganzen zu sein und mit den einzelnen Komponenten der nahen Umgebung zu kommunizieren. Wenn wir tief genug in unsere Seelenwelt hineintauchen, können wir die Natur verstehen, ihre Zeichen lesen. Wir sind dann eingebunden und offen, mit all unseren Sinnen in Resonanz und können wichtige Botschaften für unseren Lebensweg empfangen, Kraft tanken oder inspiriert werden. Vertrauen und Hingabe, gelöste Aufmerksamkeit und Absichtslosigkeit sind Schritte dahin. Kinder haben „das" noch – sie leben in einer beseelten Welt, in der alles lebendig ist –, als Erwachsene müssen wir uns diesen wundervollen Raum wieder zurückerobern. Und das können wir! Je regelmäßiger wir uns mit uns selbst und der Natur zu Seelenausflügen verabreden, desto kostbarer wird die Seelenzeit und desto mehr Kraft bekommen wir von den heiligen und wilden Orten geschenkt. Harmonie ist die natürliche Folge. Freude, Lust und Erfüllung sind die Begleiterinnen.

Heilung, Resonanz & Glück

Für die Medizinkundigen der Aboriginals gibt es beispielsweise einen direkten Zusammenhang zwischen Heilung, Resonanz und Glück. Sie sagen nicht, „wir heilen", sondern „wir machen jemanden wieder glücklich". „Glück" leitet sich ab von „gu luck" (engl.: good luck) – Deckel und Topf. Heilung bedeutet in diesem Sinne: den verlorenen Deckel für den Topf finden, die Umstände wieder passend machen. Erst wenn die Umstände so sind, dass die Seele damit gerne in Resonanz geht, kann sie Glück erfahren. Gesundheit ergibt sich danach aus der Sicherheit, auf dem richtigen Weg dorthin zu sein. Die Wildkräuter sind uns dabei hilfreiche Wesen, wertvolle Wegweiser und Begleiter.

Wenn wir in der Natur sind, haben wir Teil an der Fülle, die uns die Erde, das Leben schenken. Indem wir uns auf diese Fülle einstimmen, schaffen wir auch Fülle für uns selbst. Wir fühlen die Fülle, denken in Fülle und ziehen nach dem Resonanzgesetz damit noch mehr Fülle an. In der Stille und durch Rückbindung an die Kräfte und den Wandel der Natur geben wir diesem Erleben Stabilität. Indem wir die Fülle des Lebens so annehmen, wie sie sich in der Veränderlichkeit der unterschiedlichen Jahreszeiten zeigt, wachsen wir hinein in eine mehr und mehr bedingungslose Liebe zu dem, was wirklich ist. Wir lernen, dass es mehr gibt als die Hoffnung auf den ewigen Sommer. Unsere Seele wird dadurch frei von Erwartungen und offen für die Berührung mit dem Außergewöhnlichen. Darin liegt die Freiheit aller Schöpferkraft.

Hinweise

Alle unsere Rezepte sind organisch gewachsen, also abhängig von den Kräutern, die auf unseren Wegen zu einer bestimmten Jahreszeit bei einem bestimmten Wetter wuchsen. Sie lassen sich fast alle variieren, wenn man das eine Kraut nicht findet, nimmt man ein anderes. Die Wildkräuterküche ist eine lebendige Küche, es darf improvisiert werden, hier sind eine gute Intuition und Kreativität gefragt.

Wer nicht wagt, der nicht gewinnt – und wenn mal was schief geht, ist's auch kein Drama, die Ameisen und Insekten freuen sich über eine „Opfergabe".

Im ganzen Buch verteilt werdet ihr „Platz für Notizen" finden. Zögert nicht, und schreibt eure eigenen Erfahrungen, Anregungen oder Bemerkungen direkt ins Buch!

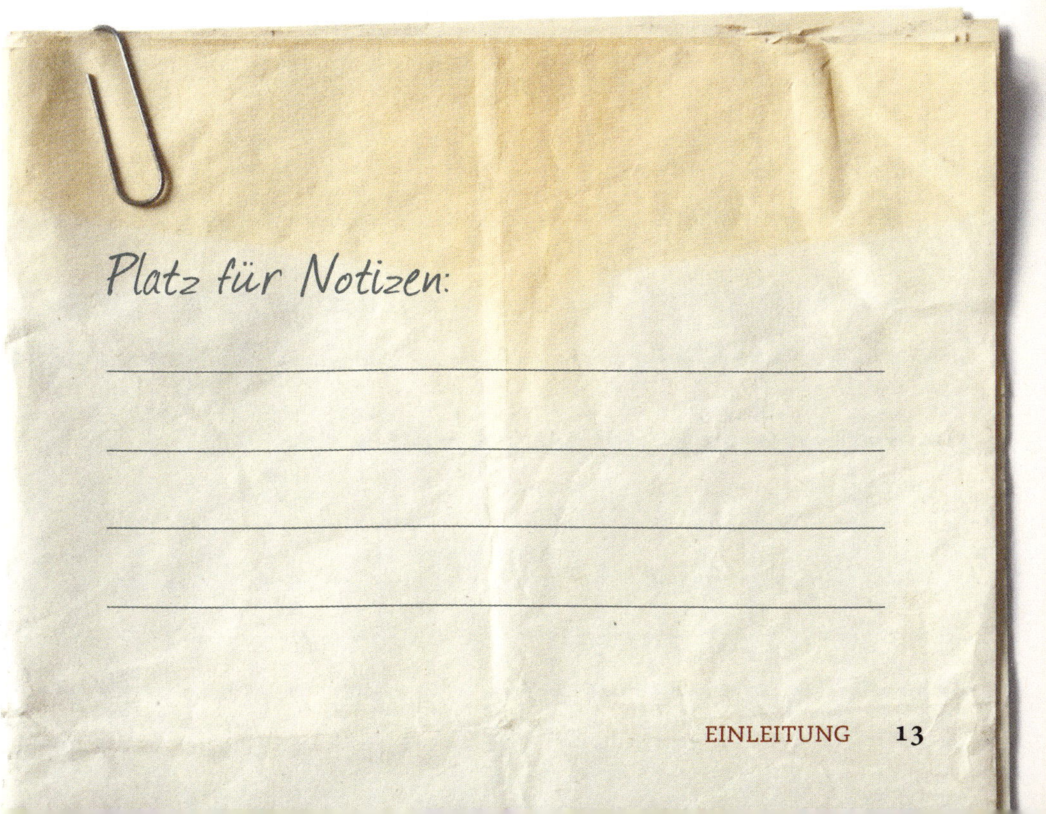

Einige Regeln für den Umgang mit Wildkräutern

- Sammle auf Pfaden, die fernab von Hundespazierwegen und Tollwut gefährdeten Gebieten liegen.
- Sammle nicht, nachdem es stark geregnet hat, die Kräuter sind dann zu nass und schimmeln schnell.
- Beschäftige dich mit den Rhythmen der einzelnen Pflanzen, viele atmen am Morgen ein und am Nachmittag aus. Mehr Kraft haben sie beim Einatmen. Stimme das Sammeln darauf ab.
- Sammle keine seltenen Arten, freue dich lieber an ihrem Anblick und mache ein Foto oder fange dir ihre Schwingung als Bachblüte ein. (Rezept siehe S. 19)
- Nimm immer nur so viel, wie du wirklich brauchst.
- Gib der Stelle, von der du etwas genommen hast, auch etwas zurück.
- Pflücke achtsam – ohne die Pflanzen zu verletzen.
- Lasse immer genug stehen, damit sie nachwachsen können.
- Grabe Wurzeln vor dem Frühling, am besten im Spätherbst nur dann aus, wenn du sie als Medizin brauchst.
- Wasche die Wurzeln und Blätter, aber nicht die Blüten der Wildpflanzen. Trockne vorsichtig – tupfe mit einem Geschirrtuch oder Küchenpapier.
- Pilze werden nur gebürstet, sonst verwässert ihr Geschmack.
- Trockne die Pflanzen am besten draußen im Halbschatten. Sorge für gute Durchlüftung, indem du sie entweder aufhängst oder in Körben, auf geflochtenem Boden luftig ausbreitest. Vermeide das Stapeln!

- Im Backofen trocknest du bei 50–60° C und klemmst dabei einen Holzlöffel in die Türe, damit die Feuchtigkeit entweichen kann. In Übergangszeiten ist auch die Heizung ein guter Ort zum Trocknen.
- Bewahre die getrockneten Wurzeln, Blüten und Blätter in großen Schraubgläsern oder auch dicken Papiertüten auf (z. B. ölhaltige Pflanzen wie das Johanniskraut verschimmeln sonst schnell!). Vermeide zu starke Dichte – nicht stopfen! Schüttle die Gläser ab und zu gut durch.
- Beschrifte die Sammelgefäße mit Datum und Inhalt, so weißt du, wann sie ihre Wirkung verlieren.
- Keine Angst, es gibt wenig wirklich giftige Wildkräuter. Die hast du schnell in einer Liste nachgeschaut. Viele geben sich auch deutlich zu erkennen, sie sehen giftig aus oder riechen oder schmecken scheußlich. Meist genügt eine winzige Geschmacksprobe mit der Zunge oder das Zerreiben von Blättern und Blüten, um sie zu erkennen.
- Marmeladen, Öle und Pestos schmecken frischer und halten sich länger mit der Zugabe von etwas Ascorbinsäure.
- Natron erhält die Farben von Obst und Gemüse, nimmt Gerüche aus bereits benutzten Gläsern, ist eine Sprudelhilfe bei Getränken, ein Triebmittel bei Teigen und hat eine basische Wirkung.
- Mach auch mal eine Pause. Gehe absichtslos hinaus und nimm diesmal nichts, sondern trage ein Geschenk zu den Bäumen, Büschen und Wiesen – singe ihnen ein Lied, musiziere, tanze und räuchere, sie lieben fröhliche Schwingungen und freuen sich über Dankbarkeit.

Mondzyklen

Noch wirksamer sind unsere Heilpflanzen, wenn wir uns beim Sammeln und Zubereiten an den Mondphasen orientieren. So binden wir uns ein in den ewigen Wandel und berücksichtigen den sich verändernden Wasserhaushalt in den Pflanzen.

› Grabe alles, was unter der Erde oder im Dunkeln wächst, wie Wurzeln, Wurzelgemüse oder Nachtschattengewächse, bei abnehmendem Mond, in den Tagen um Neumond herum aus.

› Schneide jetzt auch Baumäste oder Sträucher zurück.

› Bei Vollmond sprudeln die Pflanzensäfte hoch hinauf in die Kronen, jetzt dürfen Bäume und Sträucher nicht geschnitten werden. Jetzt ist die Zeit des Düngens.

› Ernte Blüten und Blätter, Obst bei zunehmendem Mond, am besten um Vollmond herum.

› Kräuter, die reinigende und ausleitende Wirkung haben, nimmt man besser in der abnehmenden Mondphase ein.

› Kräuter, die stärkende und aufbauende Wirkung haben, nimmt man besser bei zunehmendem Mond ein.

› Alkohol wirkt stärker bei Vollmond – so auch Tinkturen.

Schwingungen fangen

Nicht immer müssen wir eine Pflanze pflücken, manchmal genügt es auch, ihre Schwingung aufzufangen, um verlorene Harmonie wieder herzustellen. Das kann über den Duft geschehen oder auch mithilfe einer Meditation:

PFLANZENBEGEGNUNG

Wenn du bei einer Pflanze bist, der du tiefer begegnen willst, setze dich bequem hin und wende deine Aufmerksamkeit deinem Atem zu. Stelle dir vor, wie bei jedem Einatmen aus deinem Wurzelchakra in der Steißbein-Gegend kleine Wurzeln in die Erde wachsen und dich dabei tiefer und tiefer mit der Erde und ihrer uralten Weisheit verbinden. Stelle dir dann vor, wie bei jedem weiteren Einatmen aus deinem Scheitelchakra in der Mitte deines Schädels feine Antennen wachsen und das Licht aus dem Kosmos, die Weite und die Leere für dich einfangen. Beim Ausatmen stellst du dir vor, wie alles, was dich beengt und verbraucht ist, aus deinem Körper entweicht.

Fokussiere dich anschließend auf deinen Herzensraum. Stell dir vor, wie dein Einatmen jetzt vom Herzen ausgehend einen Lichtmantel um die Pflanze legt, so dass dein Herzchakra in der Mitte deiner Brust die Pflanze ganz umhüllt. Bleibe bei deinem Atem und erforsche die Pflanze mit geschlossenen Augen, nur mit deinem Herzen – spüre hinein, in ihre Wurzel, Blätter, ihren Stängel oder Stamm, ihre Blüte – erfasse ihre Umgebung, unter welchen Bedingungen wächst sie?

Wenn du ein Gefühl für sie entwickelt hast, frage sie ganz konkret: Wobei kannst du mir helfen? Wie kannst du mich schützen? Was kannst du für mich tun? Welchen Dienst kann ich dir erweisen? Brauchst du etwas von mir?

Bedanke dich, indem du visualisierst, wie du deinen Herzensmantel mit dem füllst, was sich die Pflanze von dir wünscht. Nimm ihn dann wieder in dein Herz hinein und verweile mit deiner Aufmerksamkeit noch ein bisschen bei deinem Atem. Wenn du magst, kannst du der Pflanze auch noch etwas Reales da lassen, Wasser, Körner etc.

Bachblüten -
BLÜTENESSENZEN SELBST HERSTELLEN

- *Frisches Quellwasser, am besten selbst geholt in einem gläsernen Gefäß, zur Not stilles Mineralwasser aus einer Glasflasche*
- *Blüten*
- *Blatt*
- *Kristallschale*
- *sterilisierte Vorratsflasche, Fassungsvermögen ¼ Liter*
- *Trichter*
- *braunes Pipettenfläschchen, 50 ml aus der Apotheke*

Warte auf einen strahlend sonnigen Tag. * Gehe mit einer kleinen Kristallschale zu den Blüten deiner Wahl. * Gieße das frische Quellwasser hinein und stimme dich auf die Pflanze ein. Wenn du magst, sprich mit ihrem Pflanzengeist, erkläre deine Absicht. * Pflücke dann in einer absichtslosen gelösten Haltung die Blüten und lege sie mit Hilfe eines Blattes vorsichtig auf die Wasseroberfläche, bis diese ganz bedeckt ist. Vermeide, die Blüten mit den Fingern zu berühren, so bleiben sie frei von deiner persönlichen Prägung. * Stelle die Kristallschale mindestens drei Stunden an einen geschützten sonnigen Ort, bis sich die Mutteressenz entwickelt hat. * Fische die Blüten mit einem Blatt von der Wasseroberfläche und fülle die Essenz mit einem kleinen Trichter in eine saubere, sterilisierte Vorratsflasche (100 ml genügen). * Gieße mit 100 ml Branntwein auf, um die Mutteressenz haltbar zu machen. * Schüttle alles gut durch. * Beschrifte die Flasche mit Inhalt und Datum der Herstellung. * Jetzt kannst sie portionieren – in ein braunes, sterilisiertes Pipettenfläschchen umfüllen und ausprobieren.

Jahreskreisfeste

Die Jahreskreisfeste sind wahrscheinlich fast so alt wie die Menschheit. Das achtspeichige Rad als Ritzung habe ich in einer 40 000 Jahre alten Höhle in der Île-de-France entdeckt – und nicht nur dort. Es ist weltweit ein altes Symbol für die Jahreskreiseinheit. Alle sechs Wochen werden die uralten Vegetationsfeste gefeiert. Ursprünglich war es die Göttin, die zur Wintersonnenwende dem Lichtkind das Leben schenkte, dessen Wachstum in den weiteren Stationen begleitete und es dann wieder zu sich nahm, sobald sich der große Kreislauf wieder schloss. Hier sind die Daten und die Feste mit ihren keltischen Namen:

2. FEBRUAR: IMBOLC – BRIGIDH

Das Licht kommt zurück. Gefeiert wird die Erneuerung, die Hoffnung und die Ahnung. Brigidh schenkt uns Inspiration und Visionskraft.

21. MÄRZ: FRÜHLINGS-TAGUNDNACHTGLEICHE – OSTARA

Der Tag ist so lang wie die Nacht. Gefeiert wird der Neubeginn und die Frühlingskraft. Ostara schenkt uns Kreativität und die Kraft des Säens und Wachstums.

1. MAI: BELTANE – WALPURGISNACHT

Der Tag ist länger als die Nacht. Gefeiert wird die Fruchtbarkeit, Lust und Lebensfreude. Die Hexennacht schenkt uns die Kraft der Magie, des Wirkens und der Gestaltung.

21. JUNI: SOMMERSONNENWENDE – LITHA

Der längste Tag, die kürzeste Nacht. Gefeiert wird die heilige Hoch-Zeit, die Fülle und das Licht. Die Sonnenwende schenkt uns den Tanz, die Kraft des Reifens und der Vereinigung.

2. AUGUST: SCHNITTERIN – LAMMAS – KRÄUTERWEIHE

Die Dunkelheit kommt zurück. Gefeiert wird das Brot, gesegnet werden die Kräuter. Lammas schenkt uns die Kraft des Trennens, Abschneidens und Wieder-neu-Zusammenfügens.

23. SEPTEMBER: HERBST-TAGUNDNACHTGLEICHE – MABON

Der Tag ist so lang wie die Nacht. Gefeiert wird die Ernte, der Dank an Mutter Erde. Sie schenkt uns Vorräte sowie die Kraft der Unterscheidung – des Bewahrens und der Abschiede, des Lösens.

31. OKTOBER: AHNENFEST – SAMHAIN – HALLOWEEN

Die Nacht ist länger als der Tag. Gefeiert werden die Ahnen und die Schwellen. Samhain schenkt uns die Kraft der Übergänge, der Träume und des Hin- und Her-Reisens, Gegensätze werden überwunden.

21. DEZEMBER: WINTERSONNENWENDE – YULE

Die längste Nacht. Gefeiert wird in der Dunkelheit, dass der erste Lichtfunke zurückkehrt. Yule schenkt uns die Kraft der Hingabe, des Vertrauens und den ersten Impuls.

Februar

Febe hielt sich die schwelenden Bärlauchblätter vor den runzligen Bauch: „Verwoben der Zwirn in unsrem Gehirn, gute Ideen sollen bestehen", wünschte sie für den Februar.

Bärlauch

[Allium ursinum]

Bärenlauch, Hexenzwiebel, Waldknoblauch, Wurmlauch, Zigeunerzwiebel

Leuchtende Bärlauchteppiche finden wir in Laub- und Mischwäldern, an Hängen und in Talgründen in feuchten, tiefgründigem Lehmboden. Die zarten Blätter schmecken frisch verwendet am besten. Gepflückt werden sie, bevor sich die weißen Sternchenknospen bilden.

Aufgepasst: Immer nur eins der doppelten Blättchen pflücken und das andere stehen lassen, sonst kann die Pflanze nicht nachwachsen!

Bärlauch entschlackt, reinigt die inneren Organe und das Blut. Er verleiht Bärenkräfte, putzt das Gehirn und wirkt gegen Verkalkung. Als eine der ersten Heilpflanzen des Jahres vertreibt er die Wintermüdigkeit und bringt Schwung in die Zellen.

14. Februar

Hier ist unsere erste Beute

Am 14.02. geht's dieses Jahr schon los. Die ersten Bärlauchspitzen zeigen sich. Sie haben solche Kraft, dass sie in manchem Jahr den Schnee kreisförmig um sich herum zum Schmelzen bringen können. Je mehr Sonne auf sie einwirkt, desto größer die Blättchen. Sie sind jetzt unverwechselbar: Intensiv hellgrün mit einer ausgeprägten Spitze. Ihre Bärenkräfte verraten sie uns durch den leckeren kräftigen Duft, der an Knoblauch erinnert.

Gleich darauf entsteht leckere

BÄRLAUCH-BUTTER

- *250 g Butter*
- *½ TL Meersalz oder Sommersalz*
- *Pfeffer*
- *Abgeriebene Schale ½ Zitrone*
- *1 Schuss Zitronensaft*
- *1 Handvoll Bärlauchblätter*

Die weiche Butter mit allen Zutaten gut verkneten, den Zitronensaft erst zuletzt dazugeben. * Aus der Butter eine Rolle formen und diese in Scheiben schneiden. So lässt sich die Bärlauch-Butter gut einfrieren.

BÄRLAUCH-WODKA
FÜR'S GEHIRN UND GEGEN VERKALKUNG

- *1 Flasche Wodka*
- *⅓ gefüllt mit Bärlauchblättern*
- *1 TL Beinwellwurzeln*

Hirnfit: Die klein geschnittenen Blätter und Wurzeln in eine durchsichtige Flasche gießen und mit Wodka auffüllen. * 6 Wochen auf der sonnigsten Fensterbank reifen lassen. * Jeden Tag schütteln. * Durch ein Sieb gießen. Huuh, dieser Geschmack! 12 Tropfen auf ein Glas Wasser ist tägliche Hirnmedizin. Vertreibt garantiert alle bösen Gedanken und bringt die feinen Blutgefäße im Gehirn in Schwung.

BÄRLAUCH-ÖL

- *½ Flasche Olivenöl*
- *1 Handvoll Bärlauchblätter*
- *3–5 getrocknete Piri-Piri oder Chilischoten*

… in eine Flasche geben und ein paar Tage ziehen lassen. * Ergibt ein wunderbares Öl zum Braten, Würzen von Pasta und Pizza und für Salate.

BÄRLAUCH-SALZ

- *1 Handvoll Bärlauchblätter*
- *500 g Kristallsalz oder Meersalz*

Die Bärlauchblätter klein schneiden, in den Mörser geben und fein zerstoßen. * Das Salz dazu und nochmal mörsern, bis ein grasgrünes Salz entstanden ist. * Im Backofen bei 50° C trocknen und dann in Gläser füllen.

BÄRLAUCH-OBATZDA

- *1 Ecke Briekäse*
- *250 g Quark 20 %*
- *1 Schuss Schlagsahne*
- *1 fein geschnittene Zwiebel*
- *Bärlauch sehr fein gehackt, nach Belieben*
- *je 1 TL Paprikapulver süß + scharf*
- *½ TL Kümmel*
- *Pfeffer*
- *Kräutersalz*
- *einige Tropfen Zitrone*

... in einem hübschen Topf mit Deckel vermengen. * Über Nacht ziehen lassen und dann genießen.

Achtung: Der Obatzda hat richtig Power!

BÄRLAUCH-FRISCHKÄSE

- *1 Frischkäse 300 g*
- *½ Becher Saure Sahne*
- *Schale und Saft ½ Zitrone*
- *½ fein geschnittene Zwiebel*
- *½ Handvoll Bärlauch sehr fein gehackt*
- *Kräutersalz, Pfeffer*

... alle Zutaten mischen. Bald essen.
Der Geschmack wird täglich kräftiger.

15 BÄRLAUCH-BRÖTCHEN

- *600 g Weizenmehl*
- *1 Päckchen Trockenhefe*
- *1 TL Honig*
- *2 TL Kräutersalz*
- *6 EL Olivenöl*
- *6 EL Saure Sahne*
- *1 Handvoll Bärlauchblätter sehr fein gehackt*
- *300 ml lauwarmes Wasser*

Alle Zutaten ausgiebig circa 5 Min. kneten. Der Teig sollte danach nicht mehr kleben. * In der Schüssel, von einem Geschirrtuch bedeckt, auf der Heizung oder an einem anderen warmen Ort ½ Stunde gehen lassen. * Den Backofen auf 180° C vorwärmen. * Die Brötchen formen und auf das gefettete Backblech legen. * Mit Wasser bestreichen und mit dem Messerrücken Kreuze in die Oberteile ritzen (nicht einschneiden, nur tief eindrücken!). * Das Blech in den Ofen schieben und ½ Tasse Wasser auf den Ofenboden schütten. So gehen sie besser auf. * Immer mal wieder mit der Blumenspritze für Feuchtigkeit im Ofen sorgen. * Nach circa 30 Min. sind die Brötchen knusprig braun.

19. Februar

19.02. Heute wärmt die Sonne schon und wir pflücken die mittlerweile gewachsenen Bärlauchblätter auf dem Weg zur kleinen Fasanerie. Esel, Emus, Lamas, Ziegen und Kamerunschafe sind ganz wild drauf. Sie zupfen uns die frischen Blättchen ungeduldig aus der Hand.
Als wir nach Hause kommen, gibt es:

BÄRLAUCH-SAUERTEIG-BROT

Für den Sauerteig 50 g Roggenmehl mit lauwarmem Wasser und ½ TL Kümmel mindestens 3 Tage an einem warmen Ort (auf der Heizung) gären lassen. Besser wird's, wenn der Sauerteig 4–6 Tage steht. * Sobald sich eine Haut bildet, umrühren und jeden 2. Tag ein wenig Mehl und lauwarmes Wasser nachfüllen.

- *450 g geschrotetes Roggenmehl*
- *1 TL Salz*
- *30 g Öl*
- *Sauerteig*
- *450 g helles oder weißes Mehl*
- *1 EL Honig*
- *0,6 l lauwarmes Wasser*
- *1 Päckchen Trockenhefe*

Alle Zutaten vermischen. * Den Teig 10 Min. lang mit dem Rührgerät kneten. Er ist gut, wenn er zäh-weich ist. * Dann ruht er für 1 ½ Std. und wird in der halben Zeit noch einmal gut durchgeknetet. * Den ungefähr ums Doppelte aufgegangenen Teig in 2 gefettete Kastenformen füllen und mit Wasser bestreichen. * Nach 40 Min. bei 230° C und unter mehrmaliger Wasserzugabe (mit dem Blumenzerstäuber) sind die Brote fertig.

Allerlei Bärlauchiges

Das Wort *Ge-bär-en* trägt es noch in sich: Mit dem Erwachen der Bären kommt nach dem Winter Leben ins Jahr zurück. Unsere germanischen Ahnen wussten es: Die Bärin bringt die Medizin der mächtigen Urkraft. Ihre Pflanze, der Bärlauch, wärmt, reinigt, treibt Verhärtungen aus und erneuert. Eine Bärlauch-Frühjahrskur putzt die Arterien frei. Nach einer Antibiotika-Behandlung regneriert die Darmflora mithilfe von Bärlauch schnell wieder. Klein geschnittene Bärlauchblätter werden auf schlecht verheilende Wunden gelegt. Eine Bärlauchpaste auf der Brust schützt gegen Energieräuber.

*Lebendig macht
das Superkraut –
der Bärlauch haut,
wenn man ihn kaut.*

BÄRLAUCH-PESTO

- *½ Stofftasche voller frischer Bärlauchblätter*
- *150 g Olivenöl*
- *50 g Parmesankäse*
- *50 g Walnüsse, Pinienkerne oder Haselnüsse*
- *Salz*
- *Pfeffer*
- *Chilipulver oder 1–2 Piri-Piri, Chili-Schoten*

Bärlauchblätter in der Küchenmaschine pürieren oder mit dem Wiegemesser sehr fein hacken. * Das Püree in eine Schüssel füllen und mit Salz, Pfeffer und Chilipulver würzen. * So viel Parmesankäse dazugeben, dass es eine festere Konsistenz erhält. * Mit Olivenöl auffüllen und alles verrühren, bis eine cremige Masse entsteht. * Das Pesto in kleine Gläser füllen. * Die Oberfläche muss unbedingt mit Olivenöl bedeckt sein, damit es nicht schimmelt. * Gläser luftdicht verschließen. Das Pesto hält einige Monate im Kühlschrank. Es lässt sich auch gut einfrieren.

Platz für Notizen:

BRATEN MIT BÄRLAUCHPESTO-KRUSTE

- *1 entbeinte Rehkeule oder 1 Schweine- oder Rinderbraten*
- *½–¾ Flasche trockener Weißwein*
- *2–3 EL Bärlauchpesto*
- *2–3 EL Olivenöl*
- *1 Handvoll zerstoßene Walnüsse/Haselnüsse*
- *2–3 EL geriebener Hartkäse*

Bärlauchpesto in eine Schale geben und mit zusätzlichen Nüssen, Käse und Öl strecken. * Das bratfertige – falls notwendig trocken getupfte Fleisch – in eine Bratpfanne legen und mit Schaumwein übergießen, so dass in der Pfanne 1–2 cm Flüssigkeit stehen. * Ist die Flüssigkeit abgelaufen und das Fleisch wieder trocken, das Pesto gleichmäßig darauf verteilen und etwas andrücken. * Eine Handvoll Haselnüsse in die Flüssigkeit legen und mitkochen lassen. * Den Braten in den auf 170° C vorgeheizten Ofen stellen und pro Pfund 30 Min. Garzeit rechnen. Falls die Kruste gegen Ende der Garzeit droht, zu dunkel zu werden, ein Stück Backpapier oder Alufolie lose darüberlegen. * Gegen Ende immer wieder Wein nachgießen. Den fertigen Braten kalt oder warm genießen.

BÄRLAUCH-TINKTUR

Ein Schraubglas mit klein geschnittenen Bärlauchblättern füllen und mit 45 %igem Alkohol auffüllen. * An einem warmen Ort 3 Wochen ziehen lassen. * Immer wieder schütteln. * Abseihen und in eine dunkle Flasche füllen. 3 x 20 Tropfen vor dem Essen regenerieren den Darm und beugen Vergesslichkeit und Demenz vor. Vor einer Prüfung eingenommen, fördert die Tinktur die Konzentration.

Bei uns ist der Bärlauch im Bauch Brauch.

März

Märe entzündete die Weidenrinde:
„Verwandle das Weh und wirke, dass es geh',
ewig das Sein, Erneuerung herein",
murmelte sie und warf sie in das Feuer.

13. März

13.03. Die Küchenschelle blüht! Heute locken uns die Düfte des Weißdorns und der winzigen Veilchen. Der Weg zum See ist über und über gesäumt von einem Meer hellrosa leuchtender sternförmiger Weißdornblüten – da lacht das Herz!

Veilchen

[Viola]

... bringen festgefahrene Gefühle in den Fluss, verleihen Zuversicht und beruhigen Traumata.

KANDIERTE VEILCHEN- UND WEISSDORNBLÜTEN

- *Veilchen und/oder Weißdornblüten*
- *100 g Zucker & Zucker zum Bestreuen*
- *80 g Wasser*

Zucker im Wasser auflösen und in einem kleinen Topf aufkochen. * Den Sirup in einer Schüssel abkühlen lassen. * Die Veilchen am Stiel anfassen und einige Male in den Sirup tauchen. * Dann die Weißdornblüten hineingeben und mit einem Löffelchen wieder herausfischen. * Abtropfen und auf ein mit Backpapier ausgelegtes Blech legen. * Trocknen lassen – im Umluftherd bei 50° C. * Sobald sich die Blüten klebrig anfühlen, mit dem Zucker bestreuen. * Noch weiter trocknen lassen. * Im luftdichten Gefäß aufbewahren. Bald verzehren.

Beim Veilchen bleib ich ein Weilchen.

Weißdorn

[Crataegus monogyna]

Hagedorn, Mehlbeere, Hagäpfli, Müllerbrot

Kränze aus den zarten Sternen der Weißdornblüten krönten Frauen und Mädchen zum Beltanefest in der Hexennacht. Weißdorn beschützt und stärkt das Herz und heilt dort Enttäuschungen. Aus Weißdorn besteht auch die Dornröschenhecke. Unser Schlaf ist gut behütet, wenn wir uns Weißdorn unters Kissen legen oder in ein Traumbeutelchen nähen. Aus seinem Holz werden magische Objekte geschnitzt. In der Nacht zum 1. Mai kannst du einen Wunsch mit einer Glücksschleife in die Weißdornzweige binden.

Erfrischend ist's und dem Herz tut's gut,
der Weißdorn macht uns allen Mut.

WEISSDORN-SCHNAPS FÜRS HERZ

- *1 Flasche Obstler oder Wodka*
- *Weißdornblüten, -blättchen, -stiele*
- *½ cm Ingwer*
- *2 EL Honig*

Den Ingwer klein schneiden, einige Weißdornblüten und viele -blätter zupfen, ein paar Stiele (Achtung: Zu viele machen den Schnaps zu bitter!) klein schneiden. * ⅓ einer hellen Flasche mit den Zutaten füllen, mit Obstler oder Wodka aufgießen. * 6 Wochen an einem sonnigen warmen Ort ziehen lassen.

WEISSDORN-LIMO

- *1 l Apfelsaft naturtrüb*
- *2 Bio-Zitronen*
- *1 Handvoll Weißdornblüten*
- *Restsirup aus dem Rezept „Kandierte Veilchen“ oder 1 EL Ascorbinsäure zur Haltbarkeit*
- *Mineralwasser nach Geschmack*

Die Bio-Zitronen auspressen und den Saft in den Apfelsaft gießen. * Schale dazureiben. * Die Weißdornblüten in den Sirup geben und circa die Hälfte der Mischung dazugießen. * Einige Stunden ziehen lassen. * Etwa ⅓ eines Glases mit dem Ansatz füllen und mit Sprudelwasser aufgießen. Oder das Wasser gleich dazumischen. * Wer die Limo nicht in den nächsten 3 Tagen verbrauchen kann, sollte die Ascorbinsäure dazugeben. Dann lässt sich die Limonade circa 1 Woche aufbewahren, in geschlossenen sterilisierten Flaschen auch länger.

WEISSDORN-TEE FÜRS HERZ

Verwendet werden die Blüten und Blätter zu gleichen Teilen. * 2 TL getrocknete oder 2 EL frische Blätter und Blüten kommen auf eine Tasse. Der Tee stärkt und verjüngt das Herz. Bei einer Herz-Energie-Kur trinkt man 2–3 Tassen täglich über mehrere Wochen hinweg. Später im Jahr lässt sich auch aus den reifen Weißdornfrüchten ein fruchtiger Tee zubereiten. Dazu werden die Beeren mit warmem Wasser übergossen, 12 Std. eingeweicht und dann zum Kochen gebracht. * 5 Min. ziehen lassen.

20. März

20.03. Bei strahlendem Sonnenschein fahren wir zur Fasanerie. Die Störche klappern laut und turteln auf dem Baum. Wir entdecken die ersten blauen Blüten der Gundelrebe. Die winzigen Kelche leuchten umsäumt von den herzförmigen Blättchen zwischen dem riesig gewordenen Bärlauch heraus. Aus dessen Blättern drängen sich schon die ersten Blütenstiele hervor.

GUNDELREBEN-BUTTER

- *1 Handvoll Gundelrebenblättchen*
- *½ Bio-Zitrone, Schale und Saft*
- *1 TL Salz*
- *Pfeffer*
- *250 g Butter*

Die Gundelrebenblättchen von den Stielen zupfen und sehr fein mit dem Wiegemesser wiegen. * Mit der weichen Butter vermischen, geriebene Zitronenschale, Salz und Pfeffer nach Belieben dazugeben und zum Schluss mit einem Schuss Zitronensaft abschmecken. * Portionsweise in Frischhaltebeuteln einfrieren oder gleich essen. So gut wie im Frühjahr wird die Butter nie mehr, denn später im Jahr wird die Gundelrebe zunehmend bitter. Köstlich auf frischem Brot!

Gundelrebe nicht nur den Eiter vertreibt,
sondern bei ihr auch kein Husten und Schnupfen bleibt.

Gundelrebe

[Glechoma hederacea]

Gundermann, Blauhuder, Donnerrebe, Erdefeu, Gunelreif, Heilrauf, Silberkraut, Huder und Udrang

Im Mittelalter wandte man das „Zikkelkräutl" vorbeugend gegen Skorbut (Mangel an Vitamin C) und als kräftigende Frühjahrskur an. Die freundliche Gundelrebe wirkt entzündungshemmend. Man sagt ihr nach, dass die guten Wald- und Hausgeister gerne unter ihren Blättchen wohnen.

Habt ihr Schmerzen und kleine Wunden,
die Gundelrebe heilt's in wenigen Stunden.

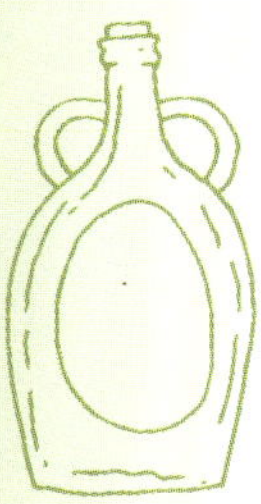

GUNDELREBEN-ÖL
ZUR ÄUSSEREN ANWENDUNG FÜR VERLETZUNGEN

› *1 Likör-Gläschen Rapsöl*
› *100 Gundelrebenblättchen*

Die herzförmigen Blättchen ein wenig quetschen, in ein Glas füllen und mit gutem Rapsöl übergießen. * Das Gefäß einige Wochen an einen sonnigen Platz stellen und täglich schütteln. Das gefilterte Wundöl wird vorsichtig auf eitrige Wunden, oberflächliche Verletzungen und Verbrennungen getupft.

Das ätherische Öl der Gundelrebe heilt Hautverletzungen, erweicht harte Narben und hilft gegen eiternde Wunden und Geschwüre.

… Ins erste Frühlingssalz wandern die zartgrünen Spitzen verschiedener Wildkräuter, die uns jetzt förmlich aus dem Boden entgegenspringen.

FRÜHLINGSSALZ

- *Brennnessel*
- *Gundelrebe*
- *Schafgarbe*
- *Unsterblichkeitskraut*
- *Vogelmiere*
- *echtes Labkraut*
- *Meersalz oder Himalaya-Salz*

Schneide die Wildkräuter vor und fülle den Mörser ungefähr eins zu eins mit einem sehr guten, nicht raffinierten Salz auf. * Dann heißt es mörsern, bis ein feines grünes Gemisch entstanden ist. * Im Backofen in einer Form bei 60° C circa 1 Stunde trocknen lassen. * Umfüllen und die kleinen Gläser beschriften. Nun kann der Frühling in jede Speise einziehen. In den nächsten Wochen werden noch weitere Kräuter dazuwandern.

Das ist der Gundermann,
der Heinzelmann, der alles kann.

… und dann kehren wir wieder zum Weißdorn zurück. Dieses Jahr blühen die Büsche sogar zwei Mal und schenken uns so viele Blüten wie selten zuvor. Also wird gebacken.

WEISSDORN-APPLE-CRUMBLE MIT KROKANT

- *Zitrone*
- *bittere Schokoladensplitter*
- *Rosinen*
- *Rum*
- *3 Äpfel*

Für den Krokant

- *½ Handvoll Weißdornblüten*
- *1 EL Butter*
- *2 EL Zucker*
- *1 EL Honig*
- *je 50 g Haselnüsse und Mandeln*

Streusel

- *100 g Zucker*
- *100 g Mehl*
- *100 g weiche Butter*

Zuerst den Krokant vorbereiten: Die Mandeln und Haselnüsse grob zerkleinern und die Weißdornblüten verlesen. * 1 EL Butter in die Pfanne geben und die Mandeln und Nüsse vorsichtig darin anrösten. * 1–2 EL Zucker und die Weißdornblüten dazugeben und karamellisieren lassen. * Zum Schluss 1 EL Honig dazugeben. * Die Masse auf Backpapier erkalten lassen.

Rosinen in Rum einlegen. * Die Äpfel in grobe Stücke schneiden, mit Zitrone beträufeln und in eine feuerfeste Form geben. * Schokoladensplitter und Krokant untermischen. * Dann die Streusel aus dem Mehl-Butter-Zuckergemisch formen und darüberschichten. * Im Backofen bei 170° C circa 20 Min. backen, bis die Streusel gebräunt sind.

WEISSDORN-LIKÖR

- *0,7 l Weinbrand*
- *250 g Kandiszucker*
- *1 Handvoll Weißdornblüten*
- *½ Vanillestange*
- *15 Rosinen*

Die Weißdornblüten von den Zweigen zupfen, in eine leere Flasche geben und mit dem Kandiszucker auffüllen. * Vanillestange und Rosinen dazugeben und mit dem Weinbrand aufschütten. * 6 Wochen an einem warmen, hellen Ort reifen lassen, dann filtern. Dieser Likör bekommt von uns 5 Sterne.

… und aus den restlichen Wildkräutern, die uns beim Spaziergang begegnet sind, entsteht ein kräftiger, wirksamer Magenbitter zur Verdauung.

MAGENBITTER

- *1 Flasche Korn*
- *1–2 Handvoll bittere Kräuter:*
- *ein wenig Löwenzahn, Schafgarbe, Gundelrebe, Pfefferminze, Rosmarin, Salbei*
- *50 g Zucker oder 1 EL Honig*
- *5 Wacholderbeeren*
- *1–2 Nelken, 1 Lorbeerblatt*

Alle Zutaten in einer transparenten Flasche ansetzen und an einem warmen hellen Ort ziehen lassen. * 6 Wochen später kann gefiltert werden.

Die lichten Birken tragen ihre zarten neuen Blättchen wie ein Feengewand. Wir mischen uns etwas Frisches – Kraft und Erneuerung für unsere Haut.

BIRKENBLÄTTER-FRÜHLINGSPEELING FÜR DEN KÖRPER

- *1 Handvoll junge Birkenblätter (verlesen, aber nicht gewaschen)*
- *8 EL Zucker*
- *1 EL feines Meersalz*
- *80 ml Olivenöl*

Birkenblätter zusammen mit dem Salz und Zucker im Mixer pürieren. * Dann das Öl unterrühren. Unter der Dusche damit eingerieben, entwickelt sich eine zarte Frühlingshaut. Das Peeling ist im Schraubglas einige Wochen haltbar.

Birke

[Betula]

Die Birke ist eine Lichtbringerin und hütet im keltischen Baumkalender den Februar. Bei uns wird sie als Maibaum geschmückt. Birkensaft reinigt Blase, Nieren und Haut. Für einen Birkenblättertee werden die klebrigen Märzblättchen gesammelt und gut getrocknet. 1–2 TL auf eine Tasse. Für eine vitalisierende Frühjahrskur mit Birkentee trinke 3 Tassen täglich 3 Wochen lang. Das spült außerdem deine Nieren gründlich durch. Birkenknospen sind ein Fiebermittel bei Erkältungen.

Auf den Birken wächst der Zunderschwamm, ein Baumpilz, der leicht entflammbar ist und schon so manches heimelige Feuer entzündet hat. Die alten Bauern berührten mit frischen Birkenzweigen alles, was fruchtbar werden sollte – das können wir auch heute noch –, wir er-quicken die Projekte, die Früchte tragen sollen, im Frühjahr mit den nachgiebigen Birkenraisern.

BIRKENSAFT

Bohre vorsichtig ein nach oben schräg verlaufendes Loch in eine kräftige Birke. * Stecke einen Schlauch hinein, der luftdicht an ein Gefäß angeschlossen ist. * Leere das Gefäß täglich. * Nimm nur so viel Saft, wie du brauchst, und verschließe das Loch gut mit einem Pfropfen. * Kontrolliere am nächsten Tag, ob es dicht ist, damit der Baum nicht verletzt wird. * Ernte erst wieder 3 Jahre später.

Tagundnachtgleiche im Frühling – Ostara

Mit der Tagundnachtgleiche um den 21.03. beginnt der Frühling und ein neues Rund im astrologischen Tierkreis. Hier fängt das Zeichen Widder an und damit der Impuls, sich neu zu erfinden und übers Jahr eine neue Welt zu erschaffen. Nach alten Bräuchen werden nun Sonnenräder für die Frühlingsgöttin gebacken, ihr zur Freude Blumen gepflückt und grüne Speisen aus frischen Kräutern zubereitet. Spätestens jetzt kehren wir mit einem umfassenden Frühlingsputz alle Winterreste aus dem Haus, räuchern und schrubben, um freien Raum für Neues zu schaffen.

Wir gehen zur Quelle und holen uns frisches Frühlingswasser. Das reinigt die Zellen in der Tiefe. Die Quellgeister freuen sich über unsere Frühjahrsräucherung aus Weißdornblättern, Löwenzahn und Gundelrebe. Wir streuen Haferflocken, Nüsse und Körner für das kleine Volk, das an der Quelle lebt.

Löwenzahn

[Taraxacum officinale]

Krötenbusch, Kuhblume

lobt ein alter Spruch:

„Gedeihen Schafgarbe und Löwenzahn,
ist's um den Menschen gut getan."

Der Vitamin-C-reiche Löwenzahn wächst für uns nicht nur im Garten, in der wilden Natur, sondern ganz selbstlos sogar auf der Straße, am Bordstein und zwischen dem Asphalt. Dort nimmt er die Abgase auf und wandelt sie in reine Luft um. Ähnlich verfährt er mit unserer Leber, indem er sie entgiftet, dabei gleichzeitig erfrischt und stärkt. Als Krötenbusch schenkt er Vitalität und Widerstandskraft. Die Kuhblume ist außerordentlich anpassungsfähig und verfügt über einen ausgeprägten Rhythmus. Ihre Inhaltsstoffe ändern sich mit den Jahreszeiten, so wie sie nach und nach gebraucht werden: Die Frühlingswurzel enthält die meisten Bitterstoffe, die Augustwurzel Kohlehydrate als Diätzucker, die Oktoberwurzel eine linksdrehende Form der Fruktose. Löwenzahnblüten machen fit, Löwenzahnstängel stärken die Sehschärfe, wirken gegen Nachtblindheit und Erschöpfung. Die Blätter und Stängel reinigen das Blut und die Wurzeln kräftigen die Knochen. Werden die gedünsteten Blätter in Honig, Essig und Olivenöl über Nacht eingelegt, vertreibt das den bitteren Geschmack.

LÖWENZAHNSCHNAPS

- *25–30 Löwenzahnblüten*
- *1 Flasche 38 %iger klarer Schnaps*

Die Blüten vorsichtig waschen, abtropfen und wieder trocken werden lassen. * Mit dem Schnaps in einer Flasche ansetzen und 4 Wochen ziehen lassen. * Abfiltrieren. Der Löwenzahn-Aufgesetzte hilft, einen hohen Cholesterinspiegel abzubauen.

LÖWENZAHNWURZELPULVER
FÜRS BLUT UND IMMUNSYSTEM

Grabe die Wurzeln aus, bürste sie vorsichtig ab, trockne sie langsam bei höchstens 40° C und zerkleinere sie mit einer Keramikschere (kein Metall!). * Zerstoße sie im Mörser zu Pulver und mische davon ½ TL in ein kaltes Getränk, Wasser oder Saft.

Regelmäßig getrunken wirkt dieser Heiltrank blutbildend und baut das Immunsystem auf, er soll auch bei Krebs sehr hilfreich sein.

FRÜHLINGSBLÜTENSALAT

- *Löwenzahnblüten und -blätter*
- *Schaumkrautblüten und -blättchen*
- *Gänseblümchen*
- *Taubnesselblüten und -blättchen*
- *Beinwellblüten und -blätter*

Die Blättchen und Blüten von den Stielen zupfen. * 1 EL Öl mit 1 EL Zitronensaft und ½ TL Honig sowie einer Prise Salz verrühren. * Die Vinaigrette vorsichtig mit den Blüten vermischen.

NEUNKRÄUTERSUPPE

Neun wilde Frühlingskräuter kommen in die Suppe. Diese hier sind als Vorschläge gedacht, es können auch andere essbare sein. Hauptsache, es werden insgesammt 500 g.

Variante 1

› *Lauch, Spinat, Löwenzahn, Brunnenkresse, Brennnesseln, Sauerklee, Bibernelle, Bachbunge + wahlweise: Fetthenne, Schlüsselblumenblätter, Huflattich, Gundermann, Frauenmantel*

Variante 2

› *Brennnessel, Giersch, Vogelmiere, Gänseblümchen, Löwenzahn, Wegerich, Sauerampfer, Bärlauch, Taubnessel*

› *500 g der gesammelten Kräuter – Variante 1 oder 2*
› *3 EL Butter*
› *1 l Gemüse- oder Fleischbrühe*
› *250 ml Saure Sahne*
› *1 Eigelb*
› *Salz, Pfeffer*

Die Kräuter fein schneiden und mit Butter 5 Min. dünsten. * Mit Gemüsebrühe aufgießen und 15 Min. köcheln lassen. * 1 Eigelb in einem Becher saurer Sahne verquirlen und in die Suppe rühren. * Mit Salz und Pfeffer abschmecken.

Bei einem Oster- oder Frühlingsfest darf die Neunkräutersuppe nicht fehlen. Heute gibt's die drei mal drei Grünkräfte am Gründonnerstag – zu Zeiten des alten Mondkalenders wurde die grüne Energiesuppe zum ersten Frühlingsvollmond gebraut. Jetzt sind die Heilkräfte der Frühlingskräuter am stärksten und am wirksamsten für Körper, Seele und Geist. Am wichtigsten ist die innere Verbindung mit den Kräutern und, dass es drei mal drei an der Zahl sind, ein volles Hexenrund.

April

April räucherte mit Löwenzahn: „Mit Sonne im Blut fehle uns niemals der Mut", bekräftigte die Hexe ihren Spruch mit einem lauten rhythmischen Stampfen.

3. April

Es ist Freitag, der **03.04.**, und wir fahren mit den Rädern den Rheindamm entlang. Die Wildkräuter sprießen auf dem Hang, dass es eine Pracht ist. Der Damm ist sattgrün und mit den ersten bezaubernden bunten Blüten überzogen. Wir pflücken 17 verschiedene Arten, wie sich zuhause herausstellt. Am Ufersaum des kleinen Baches begegnen wir den wunderschönen gelben Schlüsselblumen. Auf den Weiden leuchten die Löwenzahnblüten wie unzählige kleine Sonnen.

Heute setzen wir Kräuterschnäpse an – und ergänzen die gepflückten Wildkräuter mit einigen Gartenkräutern und Gewürzen.

21-KRÄUTER-MAGENBITTER MIT GEWÜRZEN

- *Wiesenkerbel, Schafgarbe, Gänseblümchen, Löwenzahn/Blüten, Gundelrebe, Pimpernelle, Wiesensalbei, Wilde Möhre, Brennnessel, Taubnessel/Blüten, Spitzwegerich, Breitwegerich, Scharbockskraut/Blüten, Vogelmiere/Blüten, Ehrenpreis/Blüten, Labkraut, Hirtentäschl, Wiesenschaumkraut, 3 Blättchen Pfefferminze, 2 Zweige Thymian, 7 Blättchen Salbei*
- *3 Gewürznelken*
- *3 Pimentkörner*
- *3 Wacholderbeeren*
- *50 g brauner Kandiszucker*
- *1 Flasche Weinbrand*

Die Kräuter mit der Schere grob zerkleinern und zu einem guten Drittel in eine leere durchsichtige Flasche füllen. * Den Kandiszucker und die Gewürze dazugeben und mit Weinbrand auffüllen. * 6 Wochen an einem sonnigen Ort ziehen lassen. * Immer wieder schütteln. * Anschließend durch einen Kaffeefilter in saubere Flaschen gießen. Dieser Magenbitter bekommt von uns 5 Sterne, nachdem wir ihn probiert haben.

23-KRÄUTER-FRÜHLINGSSCHNAPS MIT KARDAMOM

- *Wiesenkerbel, Schafgarbe, Gänseblümchen, Löwenzahn, Gundelrebe, Pimpernelle, Wiesensalbei, Wilde Möhre, Brennnessel, Taubnessel, Spitzwegerich, Breitwegerich, Scharbockskraut, Vogelmiere, Ehrenpreis, Labkraut, Hirtentäschl, 3 Blättchen Pfefferminze, 2 Zweige Thymian, 5 Blättchen Salbei, 1 Zweig Oregano, 1 Zweig Rosmarin*
- *3 Samenkapseln Kardamom*
- *3 EL Löwenzahnhonig*
- *1 Flasche Wodka*

Die Kräuter mit der Schere grob zerkleinern und zu einem guten Drittel in eine leere, durchsichtige Flasche füllen. * Den Honig und den Kardamom dazugeben und mit Wodka auffüllen. * 6 Wochen an einem sonnigen Ort ziehen lassen. * Immer wieder schütteln, anschließend filtern.

Bist du krank und
fühlst dich wie Brei –
trinke Salbei!

17-WILDKRÄUTER-FRÜHLINGSSCHNAPS

- *Wiesenkerbel, Schafgarbe, Gänseblümchen, Löwenzahn, Gundelrebe, Pimpernelle, Wiesensalbei, Wilde Möhre, Brennnessel, Taubnessel, Spitzwegerich, Breitwegerich, Scharbockskraut, Vogelmiere, Ehrenpreis, Labkraut, Hirtentäschl*
- *50 g brauner Kandiszucker*
- *1 Flasche Korn*

Die Kräuter mit der Schere grob zerkleinern und zu einem guten Drittel in eine leere durchsichtige Flasche füllen. * Den Kandiszucker und die Gewürze dazugeben und mit Korn auffüllen, 6 Wochen an einem sonnigen Ort ziehen lassen. * Immer wieder schütteln. * Anschließend durch einen Kaffeefilter in eine saubere Flasche füllen.

17-KRÄUTER-ÖL

- *Wiesenkerbel, Schafgarbe, Gänseblümchen, Löwenzahn, Gundelrebe, Pimpernelle, Wiesensalbei, Wilde Möhre, Brennnessel, Taubnessel, Spitzwegerich, Breitwegerich, Scharbockskraut, Vogelmiere, Ehrenpreis, Labkraut, Hirtentäschl*
- *½ l Olivenöl*

Die Kräuter sehr fein zerkleinern, entweder mit dem Wiegemesser oder mit einer feinen Küchenmaschine. * Die Mischung in eine Flasche geben und mit Olivenöl auffüllen. Wer es gerne scharf mag, wirft noch 2 Piri-Piri hinein. * Das Öl kann nach wenigen Tagen gefiltert und verwendet werden. Es hält mehrere Wochen. Schmeckt sehr gut in Salaten, Gemüse oder zu Fleischgerichten.

Tipp: Leckere Kräuteröle lassen sich auch aus ganz anderen Wildkräutern zubereiten, je nach Jahreszeit und Weg.

17-KRÄUTER-FRÜHLINGSQUARK

- *Wiesenkerbel, Schafgarbe, Gänseblümchen, Löwenzahn, Gundelrebe, Pimpernelle, Wiesensalbei, Wilde Möhre, Brennnessel, Taubnessel, Spitzwegerich, Breitwegerich, Scharbockskraut, Vogelmiere, Ehrenpreis, Labkraut, Hirtentäschl*
- *500 g Magerquark*
- *1 Becher Saure Sahne*
- *1 Prise Zitronensäure oder Schale von ½ Zitrone*
- *Pfeffer, Salz*

Die Kräuter sehr fein zerkleinern, entweder mit dem Wiegemesser oder mit einer feinen Küchenmaschine. * Die Mischung in eine Schüssel geben und mit Zitronensaft, Zitronensäure oder der geriebenen Zitronenschale, Pfeffer und Salz würzen. * Den Quark und die Saure Sahne dazugeben, umrühren und einige Stunden, am besten über Nacht ziehen lassen. Ergibt einen sehr würzigen Quark!

Frühlingsquark

Frühlingsbutter

17-KRÄUTER-FRÜHLINGSBUTTER

- *Wiesenkerbel, Schafgarbe, Gänseblümchen, Löwenzahn, Gundelrebe, Pimpernelle, Wiesensalbei, Wilde Möhre, Brennnessel, Taubnessel, Spitzwegerich, Breitwegerich, Scharbockskraut, Vogelmiere, Ehrenpreis, Labkraut, Hirtentäschl*
- *250 g Butter*
- *Ein Schuss Zitronensaft*
- *Schale ¼ Zitrone*

Die Kräuter sehr fein zerkleinern, entweder mit dem Wiegemesser oder mit einer feinen Küchenmaschine. * Die Mischung in ein hübsches Gefäß geben und mit Salz und Pfeffer würzen. * Die Kräuter mit der Butter mischen. * Zum Schluss Zitronensaft dazugeben und etwas geriebene Zitronenschale.

17-KRÄUTER-PESTO

- *Wiesenkerbel, Schafgarbe, Gänseblümchen, Löwenzahn, Gundelrebe, Pimpernelle, Wiesensalbei, Wilde Möhre, Brennnessel, Taubnessel, Spitzwegerich, Breitwegerich, Scharbockskraut, Vogelmiere, Ehrenpreis, Labkraut, Hirtentäschl*
- *Olivenöl*
- *1 Prise Zitronensäure*
- *Mandeln nach Belieben*
- *Salz, Pfeffer*
- *grobes Chilipulver*

Die Kräuter mit den Mandeln sehr fein zerkleinern, entweder mit dem Wiegemesser oder mit einer feinen Küchenmaschine. * Die Mischung mit Salz, Pfeffer und dem Chili würzen. * Zitronensäure dazugeben und in ein Glas füllen. * Die Kräuter mit einer Gabel fest zusammendrücken und dann mit Olivenöl auffüllen, bis die Oberfläche reichlich bedeckt ist. Das Pesto hält mehrere Wochen im Kühlschrank. Man kann es auch gut einfrieren.

Nun beginnen wir, die ersten Zutaten für den Wintererkältungstee zu trocknen. In den Korb wandern für's Erste einige Schlüsselblumenblüten und einige Löwenzahnblüten. Den Tee werden wir über's Jahr erweitern, je nachdem, wann die einzelnen Kräuter sich zeigen. Genauso geht's mit dem Blütentee.

BLÜTENTEE ZUM SÄURE-BASEN-AUSGLEICH

- *Hagebuttenkerne und -schalen*
- *Heidekrautblüten*
- *Holunderblüten*
- *Mädesüßblüten*
- *Lavendelblüten*
- *Hibiskusblüten*

Dieser Tee wird normalerweise überbrüht. * Bei Rheuma- und Arthrose-Schüben allerdings bereitet man aus den Kräutern einen Kaltauszug zu. Hierfür lässt man die Blüten über Nacht in kaltem Wasser ziehen. * Morgens wird der Auszug leicht aufgewärmt und anschließend schluckweise getrunken.

Gänseblümchen

[Bellis perennis]

Tausendschön, Maiblume, Augenblümchen, Himmelsblume

Aus Gänseblümchen lässt sich ein Öl herstellen, das bei Verstauchungen, Blutergüssen, Prellungen und Quetschungen hilft. Die Himmelsblume wirkt gegen Darmträgheit, Verschlackung und reinigt das Blut. Die zauberhaften Blüten schmecken sehr gut im Salat und eignen sich zur Zierde auf Butter oder Quarkspeisen.

Gänseblümchen auf den Wiesen
dir bestimmt die Wunden schließen.

GÄNSEBLÜMCHEN-HONIG

Gänseblümchen lagenweise mit dünnflüssigem Honig ansetzen. * 2–3 Wochen im Dunkeln stehen lassen, das Glas immer wieder umdrehen, damit sich Blümchen und Honig gut vermischen, dann durch ein Sieb gießen und aufbewahren. Der Honig hilft bei Atemwegserkrankungen und ist zum Süßen, z. B. des Erkältungstees, geeignet.

GÄNSEBLÜMCHEN-TINKTUR BEI PRELLUNGEN

Gänseblümchen mit Stiel und Blüten in ein verschließbares Gefäß geben und mit klarem Schnaps aufgießen. * Den Aufguss 2–3 Wochen ziehen lassen. Einreibungen oder Umschläge bei Wunden, Schürfwunden, Prellungen, Verstauchungen und blauen Flecken.

GÄNSEBLÜMCHEN-SALBE

- *10 g Bienenwachs*
- *50 g Wollwachs*
- *100 ml Rosmarin-Olivenöl*
- *80 ml Gänseblümchentee*

Bienenwachs und Wollwachs im Wasserbad schmelzen, erwärmtes Rosmarin-Olivenöl dazurühren und anschließend gesiebten Gänseblümchentee tropfenweise in die Masse einrühren, bis es knistert.

Löwenzahntipps

Der Löwenzahn trägt seinen Namen zu Recht, denn er stärkt den Körper von der Wurzel an. Ein Smoothie verleiht Löwenpower. Löwenzahntee von Blättern und Wurzeln regelt die Verdauung, pflegt Leber und Galle. Eine Wurzelteekur wird bei Rheuma und zum Lösen von Nierensteinen angewandt. Eitrige Pickel und chronische Hautleiden verschwinden mithilfe von Löwenzahn genauso wie Hühneraugen, Hornhaut und Warzen. Streiche mehrmals täglich die entsprechende Hautstelle mit der Milch aus den Löwenzahnstängeln ein.

LÖWENZAHNTEE GEGEN EITRIGE PICKEL

- *10–30 g Löwenzahnkraut (mit Wurzeln)*
- *300 ml Wasser*

Als Tee: Brause den Löwenzahn (nur die Blätter) kalt ab, schneide ihn klein und überbrühe ihn mit kochend heißem Wasser. * Lasse den Tee 10 Min. ziehen und trinke ihn warm, am besten 3 Mal am Tag.

Zur äußeren Anwendung: Stelle zusätzlich einen starken Aufguss aus Löwenzahnblättern und -wurzeln her und betupfe deine Haut damit. * Trocknet sie zu sehr aus, dann tupfe noch ein hautfreundliches Öl, z. B. Mandelöl darüber.

LABKRAUT-KRANZ

Aus den leicht klebrigen Labkrautreben lässt sich blitzschnell ein loser Kranz wickeln. Unter dem Bett hält ein solcher Wasseradern oder Erdstrahlen ab und hilft gegen Schlaflosigkeit. Wenn das Labkraut trocknet, krümelt es stark, deshalb besser eine Zeitung unterlegen. Der Labkrautkranz ist außerdem eine gute Basis für hübsche Blütenkränze. Die Blüten „kleben" fast wie von selbst fest.

FRÜHSTÜCKS-OSTERHASE

- *300 g Weizen- oder Dinkelmehl*
- *2 Eier*
- *30 g Zucker, 1 Prise Salz*
- *½ Päckchen Trockenhefe*
- *⅛ l lauwarme Milch*
- *30 g Butter*
- *1 EL saure Sahne*
- *60 g Mandeln und/oder Haselnüsse*
- *50 g Rosinen*
- *1 getrocknete Apfelscheibe*
- *Schale ½ Zitrone*
- *Blüten-Puderzucker zum Bestreuen (z. B. Rose, Taubnessel, Veilchen, Weißdorn)*

Das Mehl mit dem Zucker, der Hefe und der Prise Salz in eine Schüssel geben. * Gemahlene Haselnüsse, Mandeln, Rosinen und geriebene Zitronenschale untermischen. * Die Butter in der erwärmten Milch schmelzen lassen und in den Teig kneten. * Nach 5 Minuten mit dem Handrührer den Teig ½ Stunde gehen lassen. * Er wird 1 cm dick ausgerollt und zum Hasen geformt. * Pinsle ihn dick mit Eigelb ein und gib ihn auf ein mit Backpapier ausgelegtes Blech. * Dann Rosinenaugen, Pfoten und Apfelmund dekorieren. * Bei 200° C 10–15 min backen. * Den fertigen Hasen mit Blüten-Puderzucker bestreuen.

16. April

16.04. Es ist kurz vor Ostern und wir sammeln Kräuter für unseren Frauentee, den Wintererkältungstee, den Knochen- und Gelenketee, den Kopfweh- und Migränetee. Dann haben wir Lust auf einen hübschen Frühjahrs-Türschwellen-Schutz und binden Ostara, der germanischen Frühlingsgöttin, zu Ehren Kränze.

OSTERKRÄNZE

- *Einige blätterlose Birkenzweige*
- *ein Bündel langes Klettenlabkraut*
- *Weidenzweige mit Samenwürstchen*
- *Blüten, Federn, kleine Holzostereier*
- *Schnur*

Aus den Birkenzweigen einen Kreis flechten und an 3 Stellen mit einer Schnur zusammenbinden. * Die Labkrautreben drumherum wickeln. * Die Weidenzweige hineinweben. * Blüten in das Labkraut „kleben". * Zum Schluss die Federn und Holzostereier anbringen.

Kränze als Symbol für die Unendlichkeit und Vollkommenheit an die Türen zu binden, um die Schwellen zu schützen, der jeweiligen Jahreszeit zu danken und wohlgesonnene Gäste zu begrüßen, ist ein sehr alter Brauch.

Waldmeister

[Galium odoratum]

Waldmutterkraut, Herzfreude

beschwingt die Seele und hilft in geringer Dosierung bei Kopfschmerzen und Migräne. Doch Vorsicht: Zu große Mengen verursachen Kopfschmerzen! Ein Tee wirkt krampflösend bei Menstruationsbeschwerden. Die duftenden Blätter legen sich hochschwangere Frauen ins Bett, damit sich Mutter und Kind wohlfühlen und beruhigen. Der Duft kräftigt den Herzschlag beider.

Im Schrank ausgelegt, vertreibt der Waldmeistergeruch Motten.

WALDMEISTER-BOWLE ZU OSTERN

- *10 Stängel Waldmeister mit Blüten*
- *1 Flasche trockener Weißwein*
- *3 EL Vanillezucker*
- *Saft ½ Zitrone*
- *1 Flasche Sekt*
- *einige Kastanienblüten zur Dekoration*

Ein Bowle-Gefäß vorbereiten. * Darin den Waldmeister in Wein, Zucker und Zitronensaft 1 ½ Std. ziehen lassen. * Das Kraut herausfischen und die Mischung mit Sekt auffüllen. * Die Kastanienblüten hineingeben. * In Gläser füllen. Prosit! Fröhliche Ostern!

WALDMEISTERSCHNAPS

- *4–5 Stängel Waldmeister mit Blüten*
- *0,5 l Korn*

Lege die ganzen Stängel in den Korn und lasse sie einige Tage ziehen. * Der Schnaps bekommt eine wunderbare grüne Farbe, die sich bei längerer Lagerung wieder verliert. Der Geschmack entwickelt sich nach einigen Monaten der Reife und wird immer besser.

Achtung: Probiere ihn nach 3–4 Tagen täglich und filtere ihn ab, sobald der Geschmack zu stark wird. Der Waldmeisterschnaps eignet sich hervorragend zum Flambieren von Crepes und Obst.

Holunder

[Sambucus nigra]

Alles am gesamten Holunder-, Holda-, Hollerbusch besitzt Heilkraft. Jedes Teil dieser starken Schutzpflanze ist gesund. Holunderbeeren haben viel Vitamin C und helfen bei Fieber und Erkältung. Ungekocht sind sie giftig. Die Blüten wirken entzündungshemmend, fiebersenkend und entwässernd. Die eigensinnigen Hollerbüsche kommen von selbst in die Gärten und Nähe der Häuser, um deren Bewohner vor Üblem zu schützen. Sauer werden sie, wenn man ihre Äste stutzt, ohne zuvor gefragt zu haben. Gerne nehmen sie Geschenke wie Milch und Schnaps an. Die alte weise Göttin Holda regiert über die Unter- und Anderswelt, auf dem Hollerstamm gelangen mit ihrer Hilfe Reisende zwischen den verschiedenen sichtbaren und unsichtbaren Ebenen hin und her.

FRISCHE FRÜHSOMMER-HOLUNDERLIMO

- *Ein Schuss Holundersirup*
- *Saft von einer Zitrone*
- *Einige Melisseblättchen*
- *Holunderblüten*
- *Zitronenscheiben*
- *1 l Wasser, Eiswürfel*

Das Wasser in einen durchsichtigen Krug füllen und mit dem Zitronensaft mischen. * So viel Holundersirup dazugeben, bis die gewünschte Süße erreicht ist. * Einige Blättchen Zitronenmelisse und Holunderblüten hineingeben. * Auf Eiswürfeln und Zitronenscheiben servieren. Schmeckt köstlich frisch!

PFIRSICH-HOLUNDERBLÜTEN-MARMELADE

- *850 g Pfirsiche*
- *150 g Holunderblütensirup*
- *500 g Gelierzucker 2:1*

Pfirsiche zerkleinern, Holunderblütensirup dazugeben und die Mischung 13 Min. lang einkochen lassen. * In Gläser füllen.

HOLUNDERBLÜTEN-ESSIG

- *2 Holunderblüten*
- *¼ Essigessenz*
- *¾ Weißwein*

Einen 5 %igen Essig aus Essigessenz und Weißwein im Verhältnis 1:3 herstellen. * Die Blüten dazugeben. * 2 Wochen im Fenster stehen lassen. * Abseihen.

HOLUNDERBLÜTEN-FIEBER-BLASENTEE

- *Holunderblüten und -blätter*
- *Wasser*

Trockne die Holunderblüten und -blätter und fülle sie in ein Behältnis. * Bereite dir daraus bei Fieber und Erkältung einen Tee zu: 2 TL Blüten und Blätter auf eine große Tasse. Dieser Tee hilft auch sehr gut bei Blasenentzündung.

SCHARFER ROTWEINESSIG

- *1 Teil Essigessenz*
- *4 Teile Rotwein*
- *3 Nelken*
- *5 Wacholderbeeren*
- *2 Pimentkörner*
- *2 Lorbeerblätter*

Einen 5 %igen Essig aus Essigessenz und Rotwein herstellen. * Die Gewürze dazugeben. * Eine Woche im Fenster stehen lassen. * Abseihen. Schmeckt köstlich in bunten Salaten.

THYMIAN-SCHAFGARBEN-BROT

Für den Sauerteig 50 g Roggenmehl mit lauwarmem Wasser und ½ TL Kümmel mindestens 24 Std. an einem warmen Ort (Heizung/Sonne) gären lassen.

› *300 g geschrotetes Roggenmehl*
› *½ TL Salz*
› *5 kleine Zweige Thymian*
› *30 g Öl*
› *Sauerteig (s. o.)*
› *300 g helles oder weißes Mehl*
› *1 EL Honig*
› *12 Blättchen Schafgarbe*
› *0,6 l lauwarmes Wasser*
› *1 Päckchen Trockenhefe*

Alle Zutaten vermischen. * Den Teig 10 Min. lang mit dem Rührgerät kneten, er ist richtig, wenn er zäh-weich ist. * Dann ruht er für 1 Std. * Den ungefähr ums Doppelte aufgegangenen Teig in 2 gefettete Kastenformen füllen und mit Wasser bestreichen. * Nach 40 Min. bei 220° C und mehrmaliger Wasserzugabe (mit dem Blumenzerstäuber) sind die Brote fertig.

Platz für Notizen:

KRÄUTERESSIG & -ÖLE

Salate, Suppen, Gemüse – alle Gerichte schmecken einfach viel besser, wenn sie mit verschiedenen selbst gemachten Kräuteressig und -ölen zubereitet werden.

Als Grundlage für Essig eignen sich alle Weiß- und Rotweine. Wir nehmen oft die Reste aus der Flasche und verwerten sie weiter. Als Faustregel gilt das Mischungsverhältnis 1:4 – ein Teil Essigessenz auf 4 Teile Flüssigkeit wie Wasser und Wein. Wenn die Kräuter sehr zart sind, wie z. B. Rosen oder Melisse, dann verwendet man besser einen weißen Balsamico als Grundlage für den Essig. Die Reifungszeit hängt vom Geschmack ab, sollte aber mindestens 5 Tage betragen. Dann wird gefiltert.

Öl kann länger ziehen. Der Boden eines Gefäßes sollte mindestens 1 cm hoch mit Kräutern bedeckt sein, je nach Stärke des Geschmacks kann es ruhig auch mehr sein. Die Kräuter müssen auf jeden Fall ganz mit Öl bedeckt sein, damit sie nicht schimmeln. Nach 6 Wochen sind die Kräuteröle herangereift und können gefiltert werden.

FRAUENTEE – ÜBERS JAHR ZU SAMMELN

Blüten und Blätter von:

- *Johanniskraut*
- *Malve*
- *Holunder*
- *Birke*
- *Weißdorn*
- *Rotklee*
- *Schafgarbe*
- *Brennnessel*
- *Kamille*
- *Hirtentäschl*

Ergibt einen wunderbar duftenden, runden Tee, der zu jeder Zeit guttut, besonders den weiblichen Unterleib kräftigt und nährt und den Hormonhaushalt ausgleicht.

WINTERTEE GEGEN ERKÄLTUNG UND SCHWÄCHE – ÜBERS JAHR ZU SAMMELN

- *Holunderblüten und -blätter*
- *Breitwegerichblätter*
- *Spitzwegerichblätter*
- *Weißdornblätter*
- *Birkenblätter und -blüten*
- *Kamillenblätter und -blüten*
- *Gänseblümchenblüten*
- *Lindenblüten*
- *Salbeiblätter*
- *Rosenblütenblätter*
- *Fenchelsamen*

Vertreibt im Winter die Erkältungsgeister, wärmt von innen und gibt Kraft.

KOPFWEH- UND MIGRÄNE-TEE – *ÜBERS JAHR ZU SAMMELN*

- *Wenige Schlüsselblumen*
- *Mutterkraut*
- *Weidenrinde*
- *Weidenblätter*
- *Kamille*
- *Wilde-Karde-Blätter*

Der Tee wirkt sehr gut bei Kopfschmerzen und Migräne. 1 TL pro Tasse.

KNOCHENTEE

- *Brennnesselblätter*
- *Beinwell*
- *Beifuß*
- *Breitwegerich*

Gut für Knochen und Gelenke – kann auch als Umschlag verwendet werden.

STICHWEG

- *1 Handvoll Spitzwegerichblätter*
- *1 Handvoll Breitwegerichblätter*
- *300 ml Olivenöl*

Blätter nicht waschen, sondern gleich klein schneiden und in eine leere Milchflasche füllen. * Mit dem Olivenöl bedecken und 4 Wochen an einem warmen Ort ziehen lassen. * Täglich schütteln. * Anschließend die Mischung durch einen Filter gießen und in saubere Gläser füllen. * Im Dunkeln und kühl aufbewahren. * In der Apotheke kleine Roller-Fläschchen kaufen und das Stichweg darin portionieren. Damit gelingt jeder Ausflug beschwerdefrei. Lindert sofort Stechmücken-, Bienen-, Bremsen- und Wespenstiche, wirkt garantiert!

24. April

24.04. Gleich morgens geht es los, die Sonne scheint warm vom Himmel. Der Wiesenkerbel blüht mit vielen kleinen weißen Sternchen, die ersten Holunderblüten öffnen sich und die Brennnesselblätter glänzen frisch am Wegesrand. Blaurot leuchten die Blüten der Wicken im Gras. Wir suchen Zutaten für unsere Tees, für ein schmackhaftes Kräuterfladenbrot und einen Frühlingsfrischkäse.

2 KRÄUTERFLADENBROTE MIT WEIN

- *600 g Weizenmehl*
- *100 g Hafermehl oder Roggenmehl*
- *1 Päckchen Trockenhefe*
- *½ TL Natron*
- *1 TL Löwenzahnhonig*
- *2 TL Frühlingssalz (siehe S. 39)*
- *110 ml Wasser*
- *250 ml trockener Weißwein*
- *3 EL Olivenöl*
- *1 Handvoll Brennnesselblätter*
- *2 Handvoll Wiesenkerbelblüten*
- *½ Handvoll Wickenblüten und -blätter*
- *Einige Blätter Schafgarbe*
- *Blüten und Blätter zur Deko*

Kräuter mit einem Wiegemesser hacken. * Wasser mit Weißwein erwärmen. * Mehl, Hefe, Natron, Salz, Öl, Honig, Kräuter mischen und mit dem gespritzten Wein verkneten, bis der Teig Blasen wirft. * Die Schüssel mit einem Tuch bedecken und den Teig 1 Std. in der Sonne gehen lassen. * Anschließend noch einmal durchkneten und 2 Fladenbrote formen. * Diese mit den Blättchen dekorieren. * Teig und Deko mit Öl bepinseln. * 20 Min. gehen lassen. * In den Ofen geben und bei 200° C 20 Min. goldbraun backen.

Wegerich

[Plantaginaceae]

Spitz- und Breitwegerich begleiten fast alle unsere Wege. Sogar in der Stadt schielen die genügsamen Wächter unserer Lebensschritte durch das Pflaster, um hilfreich zur Stelle sein zu können. Breitwegerichblätter erinnern an Fußsohlen. Als Pflaster, Brei oder Fußbad helfen sie bei müden und wunden Füßen, denn sie wirken entzündungshemmend und keimtötend. Der Spitzwegerich ist kieselsäurehaltig und gilt als Lungenheilpflanze. Bei Husten, Lungenschwäche, Bronchitis und Asthma kommt er als Tee oder Sirup zum Einsatz.

BREITWEGERICH ZUR FUSSSTÄRKUNG

Wenn es warm wird, hat man wieder Lust, weite Wege zu gehen. Jeweils ein Blatt Breitwegerich im Schuh hält die Füße fit, lässt Blasen verschwinden und beugt Müdigkeit vor. So lässt sich locker auch die doppelte Strecke bewältigen.

SPITZWEGERICH-SALAT MIT ZIEGENKÄSE

- *1 Handvoll Spitzwegerichblätter*
- *Grüner Blattsalat*
- *3 Tomaten*
- *Ziegenkäse*
- *1 Frühlingszwiebel*
- *Kräuteröl, Rotweinessig*
- *1 TL Honig, 1 TL Senf, Pfeffer, Frühlingssalz*

Die Spitzwegerichblätter klein schneiden, den Salat zupfen, die Tomaten in Stücke schneiden, den Ziegenkäse würfeln und die Frühlingszwiebel hacken. * Aus den restlichen Zutaten eine Vinaigrette rühren und über den Salat geben. * Mischen.

HUSTENSIRUP: SPITZWEGERICH-HONIG

- *Spitzwegerichblätter*
- *flüssiger Biohonig*

Ein Glas mit den geschnittenen trockenen Spitzwegerichblättern füllen. * Mit Honig aufgießen, bis die Kräuter vollkommen bedeckt sind. * An einem warmen Ort mindestens 3 Monate ziehen lassen. * Dann den Honig abfiltern und die Blätter dabei gut ausdrücken. Der braune Sirup hilft hervorragend bei trockenem Husten und Halsschmerzen.

Wiesenkerbel

[Anthriscus sylvestris]

regt den Appetit an und hilft bei der Verdauung. Achtung: Nicht mit dem giftigen Schierling verwechseln! Reibe die Blättchen und Blüten zwischen den Fingern und sobald sich der feine angenehme frische Duft entfaltet, kannst du sicher sein, dass es Wiesenkerbel ist.

WIESENKERBEL-FRISCHKÄSE

- *300 g Frischkäse*
- *2–3 EL Saure Sahne*
- *abgeriebene Schale einer Zitrone*
- *Saft ¼ Zitrone*
- *2 Handvoll Wiesenkerbelblüten*
- *Frühlingssalz, Pfeffer*

Den Frischkäse mit der sauren Sahne, der geriebenen Zitronenschale und dem Zitronensaft vermischen. * Die Wiesenkerbelblüten von den härteren Stängeln trennen und mit dem Wiegemesser sehr fein wiegen. * Salz und Pfeffer dazugeben und alles verrühren.

EINGELEGTER ZIEGENKÄSE

- *Ziegenkäse in Molke*
- *Olivenöl*
- *3 Zehen Knoblauch*
- *Basilikum*
- *2 getrocknete Piri-Piri oder Chilischoten*
- *Bärlauchsalz, Pfeffer*

Den Ziegenkäse aus der Molke nehmen und in eine kleine Schüssel geben. * Den Knoblauch klein schneiden und dazugeben. * Mit den restlichen Zutaten bedecken und mit Salz und Pfeffer würzen. * Eine Nacht zugedeckt ziehen lassen.

FUSSBAD FÜR MÜDE FÜSSE

- *1 Teil Beifußstängel mit Blättern*
- *1 Teil Breitwegerich*
- *1 Teil Brennnessel*
- *1 Teil Beinwell*
- *2 l Wasser*

Lege die Kräuter ins Wasser und koche sie einmal zu einem starken Tee auf. * Mische dir dann in einer Wanne eine angenehme Wassertemperatur und gieße den Kräutersud dazu. Bade deine Füße darin und genieße die wohltuende, stärkende und entspannende Wirkung nach einer langen Wanderung.

Mai

In Maias Hand glommen bereits die Köpfchen des Schafgarbenbüschels: „Venus hebt die Augenbraue, so sie in die Zukunft schaue. Zuversicht soll uns ereilen und Glück sich sichtbar mit uns teilen."

Hexennacht – Beltane

Heja, Wapurgisnacht! Die wurde schon seit Urzeiten mit Feuern und ausgelassenen Tänzen in der Nacht zum 1. Mai gefeiert. Damit das Gewand von Mutter Erde reichlich blüht und möglichst viele Früchte trägt, braucht es auch die Lust und Unterstützung der Menschen, wussten unsere Vorfahren und umkreisten das Maifeuer neun Mal gegen und im Uhrzeigersinn mit fröhlichen, wilden Liedern. Das magische Maifeuer wurde aus neunerlei Hölzern entfacht, z. B. Wacholder, Eiche, Eberesche, Kiefer, Birke, Fichte, Tanne, Lärche und Haselnuss.

Und bis heute wird getanzt, um den Maibaum, um den Dorfbrunnen, um die Maifeuer. In der Walpurgisnacht, so sagt man, sind alle Zauberkräfte frei. Eine Hexe kann sich jetzt verwandeln, reisen, wohin es ihr beliebt, Wachstum vermehren oder verhindern, wie es gerade gebraucht wird, oder auch Wasser in Wein verwirken.

Eine Walpurgis-Tafel wird mit Nesseln, ein wenig Bilsenkraut und Alraune, allerlei Hexenwerk, Räucherwerk und satten Farben geschmückt.

Rausch, wilde Frau, rausch durch die Nacht,
zeig deinen Mut, zeig deine Macht.
Mutter Erde lebt, Mutter Erde lacht.
Flieg, wilde Frau, flieg durch die Luft,
zeig deinen Mut, zeig deine Lust,
Mutter Erde liebt, Mutter Erde ruft.

(aus: Wir sind ein Kreis, Donate P. McIntosh, Christel Göttert Verlag)

HEXENBESEN ZUR HEXENNACHT

- *Mehrere biegsame Äste (Birke, Weide etc.)*
- *Haselruten*
- *1 Eschenast, wenn möglich*
- *Kordel*
- *Ein dickerer Ast*
- *bunte Bänder*

Ein richtiger Hexenbesen kommt ganz ohne Metalle aus. * Suche dir gleichlange Birken-, Hasel- und Weidenruten und binde sie mit der Kordel auf 3 verschiedenen Ebenen am Eschenstock fest. * Die Kordel kannst du unter hübschen Bändern verstecken. * Die Haselruten wirken als Wunsch- und Schutzreiser, die Weidenäste verleihen Macht und Flugkraft, die Birkenäste erhellen Gegenwart und Zukunft bei der Hexenreise durch die verschiedenen Schleier der Wirklichkeit.

Sobald er fertiggebunden ist, rufst du mithilfe von Räucherwerk Kraft, gute Wünsche und Leben in deinen Besen. Dann kehrt er bestimmt gut durchs kommende Hexenjahr.

Hexenbesen

Weide

[Salix]

Die Weide ist ein Zauberbaum und steht wegen ihrer Regenerationsfähigkeit für Unsterblichkeit. In ihren hohlen Stämmen, so wusste man, saßen die Hexen und reisten hinein in die „Andere Welt“. Dem Stamm einer Weide vertraut man, einem alten Brauch zufolge, auch Krankheiten an. Hierzu legt man einen symbolischen Repräsentanten oder einen Zettel, auf dem steht, was der Heilung bedarf, in den Weidenstamm hinein und bittet den Baum um Transformation. Die Weide nimmt die Krankheit auf und wandelt sie um. Im Gegenzug lässt man ein Geschenk in ihren Wurzeln zurück.

Doch auch ganz real wirkt die Weide als Aufgussgetränk gegen fieberhafte Erkrankungen, Erkältung, Grippe, Gicht, rheumatische Erkrankungen, Arthrose und Kopfschmerzen. Ein Fußbad aus 1–2 EL Weidenrinde und circa 1 l gekochtem und abgekühltem Wasser hilft gegen Fußpilz und Schweißfüße. Weidenrinde lässt sich außerdem gegen Zahnschmerzen und Magen-Darm-Beschwerden, bei Wunden und Blutungen einsetzen. Das Pulver der Weidenrinde und die ganze, geschnittene oder getrocknete Rinde junger Zweige wird zur äußerlichen Anwendung gegen Warzen und hohes Fieber genutzt.

UMSCHLÄGE GEGEN WARZEN UND HOHES FIEBER

- *1–2 TL Weidenrindenpulver*
- *0,2 l (1 Tasse) Wasser*

Man stellt einen Kaltwasserauszug her, indem man das Weidenrindenpulver mit 1 Tasse Wasser mischt und das Ganze über Nacht ziehen lässt. * Die Mischung gibt man auf ein Tuch, das man als Umschlag verwendet.

WEIDENBLÄTTER IM SALAT

Die jungen, etwas säuerlichen Weidenblätter schmecken wunderbar im Salat.

ZUR ENTGIFTUNG

2–3 EL zerkleinerte Rinde in 1 l Wasser 8–12 Std. ansetzen. * Den Sud leicht angewärmt tagsüber schluckweise trinken. Der Kaltwasserauszug hilft dem Körper, Giftstoffe auszuscheiden.

GEGEN ENTZÜNDUNGEN UND WUNDEN

Die doppelte Menge Rinde wie oben ansetzen. * Bei Rheuma, Mund- und Halsentzündungen oder schlecht heilenden Wunden als Umschlag verwenden.

Stiller Ort aus Weide

Ein frischer, schräg angeschnittener Weidenast, der in dauerhaft feuchte Erde gepflanzt wird, treibt nach kurzer Zeit Wurzeln und wächst in Windeseile zu neuem Leben. Im Kreis eingesetzt lassen sich zauberhafte Weidentunnel oder -rundhäuser anlegen. Ein stiller Weidenort inspiriert die Heilkräfte und Heilungswege, die Silberweiden fangen die Mondstrahlen auf und raunen dir ihre Botschaften zu.

7. Mai

07.05. Heute sammeln wir die reifen Bärlauchsamen und die ersten Holunderblüten für einen leckeren Sirup. Wir pflücken die ersten Rosenblüten.

HOLUNDERSIRUP

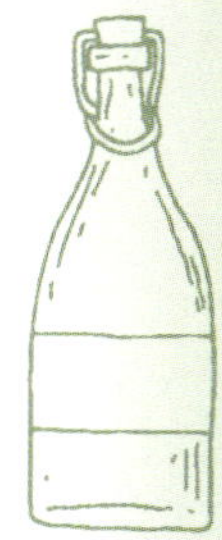

- *25 Holunderdolden*
- *2 l Wasser*
- *1 kg Zucker*
- *Saft einer Zitrone*
- *Saft einer Orange*
- *15 g Ascorbinsäure*

Die Holunderdolden wässern, bis sie frei von Insekten sind. * Dann 2 Liter frisches Wasser mit dem Zucker aufkochen und abkühlen lassen. * Die Holunderdolden, den Zitronen- und Orangensaft dazugeben und den Sud 24 Stunden ziehen lassen. * Filtern und die Ascorbinsäure zugeben. * Den Sirup nochmal erwärmen, ohne dass er kocht. * In dunkle, sterile Flaschen füllen und gut verschließen. Hält so jahrelang.

KAISERSCHMARRN
MIT HOLUNDERBLÜTENSIRUP

- *2 EL Rosinen*
- *3 cl brauner Rum*
- *4 Eier*
- *125 ml Milch*
- *120 g Mehl*
- *30 g Zucker*
- *2 Schnapsgläser Holunderblütensirup*
- *1 EL Saure Sahne*
- *Salz*
- *50 g Butterschmalz*
- *50 g Butter*
- *50 g Zucker*
- *Puderzucker zum Bestreuen*

Backofen auf 220° C vorheizen. * Milch, Mehl und Salz mit einem Schneebesen glatt rühren. * Anschließend die Saure Sahne und den Holunderblütensirup unterrühren. * Eiweiße mit 30 g Zucker zu Schnee schlagen und zusammen mit den Eigelben und dem Ei vorsichtig unter den Teig mischen.

Schmalz in einer Pfanne erhitzen und kurz aufschäumen lassen. * Teig hineingießen, mit Rosinen bestreuen und zugedeckt im Ofen etwa 15 Min. backen. * Den Schmarrn in grobe Stücke zerhacken und mit den 50 g Zucker und den Butterflocken bestreuen. * Alles gut vermischen. * Puderzucker darübersieben.

Rose

[Rosa]

Die alten Germanen sahen in der 5-blättrigen Rose ein Symbol für die Unsterblichkeit. Der Duft von Rosen stärkt die Seele und öffnet das Herz für die Liebe. Er verleiht den Mut, Unmögliches zu wagen. Die Blütenblätter werden in der Kosmetik vielfach eingesetzt. Sie pflegen die Haut und wirken leicht entzündungshemmend. Hagebuttentee trinkt man bei Erkältungskrankheiten.

ROSENZUCKER

- *5 duftende Rosenblüten*
- *250 g Zucker*

Von den ungewaschenen Rosenblüten die Blättchen abzupfen. * Zusammen mit dem Zucker kommen sie entweder in den Mörser oder in die feine Küchenschneidemaschine. * Die Zucker-Rosen-Mischung wird dann bei 60° C im Backofen getrocknet. * Sollte der Zucker ein wenig verklumpen, kann er mit einem Holzstab wieder aufgelockert werden.

ROSEN-DUFTWASSER

- *33 duftende Rosenköpfe*
- *1 l Wasser*
- *20 TL Salz*
- *1 TL Ascorbinsäure*
- *1 TL Natron*

Zupfe die Blüten von 11 Rosenköpfen und gib sie in einen großen Topf. Gieße 1 Liter Wasser darüber und streue das Natron und die Ascorbinsäure hinein. * Koche das Rosenwasser auf und lasse es abkühlen. * Gieße diesen ersten Ansatz durch ein Sieb. * Gib anschließend die Blütenblätter 11 weiterer Rosen in deinen Sud und koche das Wasser erneut auf. * Lasse es wieder abkühlen und gieße dein Rosenwasser wieder durch ein Sieb. * Quetsche die Rosenblätter mit der Hand aus, damit du alle Duftstoffe in deinem Wasser auffangen kannst. * Jetzt kommen die gezupften Blütenblätter der letzten 11 Rosen in dein Wasser. * Koche wieder auf und lasse das Duftwasser ganz abkühlen. * Gieße den Sud durch ein Sieb und wärme das Rosenduftwasser zusammen mit 20 TL Salz erneut auf. * Fülle es noch warm in deine Zerstäuber. Du kannst damit dein Haus beduften, deine Haut oder deine Kleider besprühen. Das Duftwasser zaubert eine gute Atmosphäre, stärkt das Herz und erfrischt. Mithilfe des Salzes bleibt es viele Monate haltbar.

Rosenwasser zum Einsprühen von Stirn, Nacken und Puls wirkt gegen Erschöpfungszustände, Schlaflosigkeit, Deprimiertheit und fördert die Konzentration. Bei Angst und Herzklopfen wirkt ein Taschentuch mit Rosenwasser auf der Herzregion Wunder. Das Räuchern mit getrockneten Rosenblüten stärkt die Herzenskraft und bereitet eine milde Atmosphäre.

Natron

ist sehr vielseitig. Du kannst damit Gemüse und Salat waschen, backen, saures Wasser in basisches verwandeln, deine Marmelade behält besser ihre Farbe und schmeckt fruchtiger, genauso wie dein Spinat oder Grünkohlgemüse. Es lässt sich statt Backpulver verwenden. Einige Tupfer genügen, um Gerüche in Flaschen und Gläsern oder der Spülmaschine zu neutralisieren. Du bekommst Natron in der Drogerie.

BÄRLAUCH-SAMEN IN OLIVENÖL

- *Bärlauchsamen je nach Glasgröße*
- *Olivenöl*

Sobald sich die grünlich-weißen Bärlauchsamen wie kleine Perlen an den Dolden gebildet haben, können wir sie sammeln. * Mit einer Gabel von den Rispen abstreifen oder mit der Schere abschneiden, waschen, sorgfältig abtrocknen, in ein Glas füllen und vollständig mit Olivenöl bedecken. Ergibt eine sehr starke Würze für Brote, Frischkäse, Pasta, Reis, Gemüse und Fleischgerichte und zum Einlegen von Braten. Man kann die eingelegten Bärlauchsamen das ganze Jahr über verwenden. Sie sind ein wunderbarer Knoblauchersatz und haben den Vorteil, dass sie am nächsten Tag keine unangenehmen Ausdünstungen oder Mundgeruch verursachen.

14. Mai

14.05. Es ist kühl und wir fahren zum Damm hinunter. Dort sind die Kräuter hoch gewachsen und tragen bereits unzählige leuchtende bunte Blüten. Wir sammeln Wilden Rucola, Sauerampfer, Labkraut, Schafgarbe, Spitzwegerich und begeben uns auf die Suche nach frischer Ziegenmilch.

RUCOLA-SAUERAMPFER-KRÄUTERBUTTER

- *Ein Bund Rucola*
- *10 Blättchen Sauerampfer*
- *250 g Butter*
- *Abrieb einer Zitronenschale*
- *ein Schuss Zitronensaft*
- *Salz, Pfeffer*

Die Zutaten am besten mit der Hand vermengen, auf einer Klarsichtfolie ausbreiten, zu einer Rolle formen und in Portionen schneiden. Ergibt eine milde frische Kräuterbutter.

MAI-WILDKRÄUTERBUTTER GEMISCHT

- *Labkraut*
- *Schafgarbe*
- *Spitzwegerich*
- *Steinklee*
- *Wicke*
- *Rotkleeblüten*
- *Brennnesselblätter*
- *Sauerampfer*
- *250 g Butter*
- *Abrieb einer Zitronenschale*
- *ein Schuss Zitronensaft*
- *Salz, Pfeffer*

Die Zutaten vermengen, zu einer Rolle formen und in Portionen schneiden. Ergibt eine würzige frische Kräuterbutter.

… Heute gießen wir auch unseren Magenbitter ab. Der Magenbitter ist außergewöhnlich gut geworden. Außerdem trocknen wir die Blüten, die uns die wunderschöne Wildkräuterwiese geschenkt hat für Gartenlampions, die wir an einem Regentag basteln wollen.

Das Rezept vom Magenbitter findest du auf Seite 42.

Dani kommt aus der Bretagne zurück und bringt frische Romarinzweige mit. Die legen wir zum Trocknen aus und bereiten ein köstliches Öl zum Braten, Kochen und für Salate zu.

ROSMARIN-KNOBLAUCH-ÖL

› *3 Zweige Rosmarin*
› *3 Piri-Piri oder getrocknete Chilischoten*
› *3 Knoblauchzehen*
› *½ l Olivenöl*

Schäle die Knoblauchzehen und viertle sie. * Fülle sie mit dem Rosmarin und den geöffneten Piri-Piri oder Chilischoten in eine Karaffe und fülle mit Olivenöl auf. * Nach 2 Tagen kannst du das Öl bereits benutzen. Es schmeckt in gemischten Salaten, Gemüse und zum Anbraten von Fleisch angenehm würzig.

21. Mai

21.05. Heute wandert die Sonne in die Zwillinge. Wir fahren zum Damm und ernten die gerade aufblühende Schafgarbe und deren Blätter. Wir zupfen ein wenig Wilden Rucola für unser Mittagessen, baden unsere Füße im kühlen Altrheinarm und kehren in den Garten zurück. Hier pflücken wir die Kräuter für unsere Räucherstäbe – Rosen, Oregano, Melisse, Salbei, Minze …

Es ist heiß, zuerst gibt's eine frische

ORANGEN-HOLUNDER-LIMO

- *3 Limetten*
- *1 Orange*
- *1 Holunderblütendolde*
- *0,1 l Holundersirup (oder mehr)*
- *1 Prise Zitronensäure*
- *1 l Sprudelwasser*

Presse 2 Limetten aus. * Schneide und gib den Saft zusammen mit der dritten in Scheiben geschnittenen Limette in einen Krug. * Presse die Orange aus und gieße den Saft zusammen mit dem Fruchtfleisch in den Krug. * Gib die Holunderblüte und den Holundersirup dazu. * Fülle das ganze mit Sprudelwasser auf und würze deine Limonade mit einer Prise Zitronensäure. * Serviere sie eisgekühlt.

RÄUCHERSTÄBE

- *Rosenblüten*
- *Salbeiblättchen*
- *Oreganoblättchen*
- *Minze*
- *Lavendel*
- *Wiesensalbei*
- *Melisse*
- *Schafgarbe*
- *Rosmarin*
- *Beifuß*

Ernte alle Kräuter, deren Duft du magst. ∗ Trenne die Blättchen von den harten Stielen, aber erhalte die weichen Ästchen. ∗ Wickle jetzt mit einem Bindfaden die Blättchen der einzelnen Kräuter von unten nach oben auf. ∗ Gib dabei immer einige weitere Blättchen dazu. Du kannst reine Stäbe binden, mit nur einem Kraut, oder auch gemischte herstellen.

Hänge sie dann an einer Schnur zum Trocknen auf. Achte darauf, dass sie genug zirkulierende Luft erhalten und nicht in der direkten Sonne hängen. ∗ Wenn sie ganz trocken sind, zündest du sie an der Spitze an und wedelst sie durchs Haus oder Garten oder räucherst an besonderen Plätzen in der Natur. Auch die Bäume und Flüsse freuen sich über den Kräuterrauch. Räuchern gibt Kraft. Spüre hin, wie verschieden die Wirkung sein kann. Beifuß verleiht dir einen schützenden Mantel, Rosmarin öffnet das Herz, Schafgarbe erleichtert und befreit, Salbei reinigt und verbindet mit den Ahnen, Melisse erfrischt. Wenn du einen Duft nicht magst, ist er auch gerade nichts für dich. Bewahre deine Räucherstäbe verschlossen in einem Pappbehältnis auf, damit sich ihr Duft erhalten kann.

ROSENLIKÖR

- *7 duftende Rosenblüten*
- *50–100 g brauner Kandiszucker*
- *0,7 l Wodka*

Fülle den Kandiszucker in eine durchsichtige Flasche. * Verlese die Blütenblätter der Rosen und gib sie dazu. * Gieße mit Wodka auf und stelle die Flasche für 6 Wochen an einen warmen, hellen Ort. * Filtere deinen Rosenlikör anschließend in mehrere kleine Flaschen. Trink jede Flasche innerhalb von 2 Monaten aus, dann lässt das feine Aroma nach.

ROSEN-ERFRISCHUNGS-SMOOTHIE
FÜR GESICHT, HÄNDE UND FÜSSE

- *3 duftende Rosenblüten*
- *1 EL Mungbohnensprossen*
- *100 ml Milch*
- *1 EL Joghurt*
- *1 TL Honig*

Zupfe die einzelnen Rosenblätter von den Blüten. * Vermische alle Zutaten im Püriergerät zu einem dickflüssigen Smoothie. * Trage den erfrischenden Balsam mit einem Wattebausch auf Gesicht, Dekolleté, Hände und Füße auf und warte, bis sich eine Maske bildet. * Wasche nach circa 15 Min. dein Gesicht. Freue dich an der entstandenen zarten Babyhaut.

Bei Herzschmerz und Arthrose helfen die Butten der Rose.

Rotklee

[Trifolium pratense]

Zuckerbrot, Honigklee

Wir trocknen die Blüten des Rotklees für den Frauentee. Rotklee schmeckt wunderbar aromatisch und süß. Die Isoflavone des Rotklees eignen sich zur Hormonersatztherapie für Frauen in den Wechseljahren. Rotklee schützt die Hautzellen vor Strahlung, Alterung und Falten.

ROSEN-BADESALZ

- *Getrocknete Rosenblätter*
- *Totes-Meer-Salz*
- *Beifuß*
- *Breitwegerich*
- *einige Tropfen naturreines Rosenöl*

Alle Zutaten zerkleinern und zusammen mit dem Salz in ein Glas geben.

Ist dein Herz schwer und lose, atme den Duft der Rose.

29. Mai

29.05. Heute ist trübes Wetter. Wir sammeln die ersten Brennnesselsamen, um sie später zu rösten, Brombeerblüten und frische Blättchen für einen milden Tee und kaufen bei der Bäuerin Rhabarber und Erdbeeren. Sobald wir wieder im Garten sind, pflücken wir die wundervoll blühenden Rosen, um daraus eine köstliche Marmelade zu kochen.

ERDBEER-ROSEN-MARMELADE

- *10 duftende gefüllte Rosenblüten oder 15 ungefüllte*
- *2 kg Erdbeeren*
- *1 kg Gelierzucker 1:2*
- *1 Prise Acsorbinsäure*
- *geriebene Schale von 1 Zitrone*
- *1 TL Natron*

Gib die einzelnen Rosenblätter in einen großen Topf und mische sie mithilfe des Pürierstabs mit dem Gelierzucker. * Rasple die Zitronenschale darüber und schneide die gewaschenen, in Stücke geschnittenen Erdbeeren dazu. * Würze mit der Acsorbinsäure und mische das Natron darunter. So hält sich die rote Farbe deiner Marmelade länger. * Koche jetzt die Marmelade circa 5–10 Min., mache immer wieder die Gelierprobe. * Sobald ein dicker Tropfen am Holzlöffel hängen bleibt, ist sie fertig. * Fülle sie in saubere Gläser und stelle diese für 5 Min. auf den Kopf, damit die Luft entweichen kann.

RHABARBER-ERDBEER-MARMELADE

- *1 kg Rhabarber*
- *500 g Erdbeeren*
- *750 g Gelierzucker 1:2*
- *Schale und Saft ½ Zitrone*
- *1 Prise Acsorbinsäure*
- *1 TL Natron*

Putze den Rhabarber und wasche die Erdbeeren. * Schneide die Früchte in 2–3 cm große Stücke und vermenge sie mit dem Gelierzucker. * Gib den Zitronensaft und die geriebene Schale dazu, würze mit Acsorbinsäure und Natron. * Koche deine Marmelade so lange, bis sie eine sämige Konsistenz hat. * Nach erfolgreicher Gelierprobe kannst du sie in saubere Gläser füllen.

Hast du Erdbeeren im Mund, bleibst du schlank und gesund.

Elise bastelt sich ein Schutzsäckchen zum Umhängen. Es soll ihr bei Prüfungen und Stress helfen. Sie gibt alles hinein, was ihr im Moment Kraft verleiht. Das sind Fundstücke aus der Natur, wie z. B. besondere Rindenstücke, Kräuter, kleine Steine.

Medizinwalk

Manchmal kommen wir mit unserem Verstand nicht weiter. Die Gedanken kreisen um ein Problem und können keine Lösung finden. Jetzt wird es Zeit für einen Medizinwalk, ein rituelles Gehen im Einklang mit der Natur, das nahezu allen Naturvölkern bekannt ist.

Bereite dich gut vor und formuliere deine Absicht – ich möchte Klarheit über xxx gewinnen – oder wie kann ich Kraft für yyy finden … Nimm dir mindestens eine Stunde Zeit für deinen Walk. Gehe dann hinaus und spüre, wohin es dich zieht. Wenn du das Gefühl hast, „jetzt kann es losgehen", ziehe mit dem Fuß eine Schwelle vor dir auf den Weg. Sammle dich und bitte die Natur, die Erde, den Himmel, die Naturwesen, Tiere und Pflanzen um Inspiration und Hilfe bei deinem Anliegen. Tritt dann bewusst über die Schwelle, heraus aus deiner alltäglichen Wahrnehmung, hinein in die heilige Zeit, in den heiligen Raum. Öffne alle deine Sinne und fokussiere dich auf dein Anliegen. Lasse los und beobachte, lausche, spüre, was dir begegnet. Antworten werden dir zufliegen, wenn du achtsam und gelöst bleibst, im Vertrauen auf Unterstützung. Beende deinen Weg so, wie du ihn begonnen hast. Ziehe wieder eine Schwelle und tritt hinüber in die alltägliche Wahrnehmung. Bedanke dich für die gute Begleitung mit einem Geschenk.

BROMBEERBLÜTENTEE

- *1 EL junge Brombeerblätter*
- *8 Brombeerblüten*
- *Wasser*

Gib die Blätter zusammen mit den Blüten in eine Teekanne und übergieße sie mit ½ l kochendem Wasser. * Lasse den Tee mindestens 20 Min. lang ziehen. Er schmeckt sehr zart und ein bisschen nach Marzipan.

Brombeere

[Rubus fructicosus]

Brambeere, Bramel, Brämel, Brombesing, Bromedorn, Bromelbeere, Brumenbeere, Braunbeere, Frombeere, Hirschbollen, Kratzbeere, Kratzelbeere, Moren, Nurr, Rahmbeere

Brombeeren sind sehr vitaminreich. Brombeerblättertee hilft bei Durchfall, Blasenentzündung und reinigt das Blut. Als Gurgelwasser wirkt er gegen Entzündungen im Rachenraum und Zahnfleischbluten.Einige Wochen vor der Geburt getrunken, löst er das Gewebe der Mutter.

Mutterkraut

[Tanacetum parthenium]

Moederkruid, Matrum, Espargouttee, Martricaire, Malherbe, Mandiane, Falsche Kamille, Fieberkraut, Römische Kamille, Bertram, Feverfew, Frauenminze, Goldfederich, Jungfernkraut, Martricaria, Chrysanthemum parthenium, Knopfkamille, Mägdeblumenkraut, Matram, Matronenkraut, Metra, Metram, Mettram, Mutterkamille, Sonnenauge

Gesammelt wird das Mutterkraut vom Mai bis in den September. Im Juli und August wachsen Blüten, die ähnlich wie Kamille aussehen. Das Mutterkraut duftet ziemlich würzig. Die Blüten sammelt man zur Blütezeit, das Kraut ebenfalls. Beides wird in dünnen Schichten im Schatten getrocknet und dabei vorsichtig gewendet. Mutterkraut duftet durchdringend und wird in verschlossenen Behältern aufbewahrt.

Mutterkraut in Gesichtswasser oder in einer Gesichtspackung hilft bei Flecken im Gesicht und Hautunreinheiten. Kompressen mit Mutterkraut können bei Ohrensausen helfen. Es wird bei Menstruations- und anderen Bauchkrämpfen und zur Regulierung des Monatszyklus eingesetzt. Die Blätter des Mutterkrauts verringern das Auftreten von Migräneanfällen, wenn sie über Wochen regelmäßig vorbeugend eingenommen werden.

FRISCHE BLÄTTER AUFS BROT

Zur Vorbeugung und zur unterstützenden Behandlung bei Migräne soll man 4 Wochen lang täglich ein frisches, etwa 2 Zentimeter großes Mutterkraut-Blatt auf einem Butterbrot essen. Die Butter sorgt dafür, dass die Inhaltsstoffe im Körper gut aufgenommen werden. * Danach soll man eine vierwöchige Pause einhalten und den Wechsel insgesamt 6 Monate lang durchführen. * Im Anschluss sollte ein halbes Jahr mit der Einnahme pausiert werden. Nicht während der Schwangerschaft und Stillzeit essen!

MUTTERKRAUT-TEE GEGEN MIGRÄNE

1 TL des getrockneten oder frischen Mutterkrauts mit 1 Tasse heißem Wasser übergießen und bedeckt 5–10 Min. ziehen lassen. * Hiervon zur Prophylaxe von Migräne täglich 3 Tassen mehrere Wochen lang trinken. Bei akuten Anzeichen ebenfalls 3 Mal täglich eine Tasse.

MUTTERKRAUT-TINKTUR

1 Handvoll der getrockneten oder frischen Blüten und Blätter in ein gut verschließbares Glas füllen. * Mit 45 %igem Alkohol auffüllen und 4 Wochen lang an einem sonnigen Ort stehen lassen, täglich schütteln. * Danach abfiltern und die Tinktur in ein dunkles Gefäß abfüllen. * Zur Vorbeugung von Migräne 3 Mal täglich 15 bis 20 Tropfen mit etwas Wasser verdünnt über einen längeren Zeitraum einnehmen.

Wir probieren heute unseren Kopfweh-Tee und siehe da, er wirkt sehr gut. Du findest ihn auf Seite 68.

SPARGEL MIT HELLER KRÄUTER-SAUCE

- *1 kg Spargelspitzen*
- *1 Probiergläschen Weißwein*
- *1 Stück Butter*
- *½ Becher süße Sahne*
- *Klee, Gänsefingerkraut, Schnittlauch, Petersilie, Zitronenmelisse, Frauenmantel*
- *Salz, weißer Pfeffer*
- *1 Prise Zucker*

Dieses Spargelrezept kommt ohne einen Tropfen Wasser aus und hat den Vorteil, dass du nicht schälen musst. Der Spargel gart im eigenen Saft und schmeckt dadurch viel aromatischer. * Schmelze bei mittlerer Hitze in einem großen Topf (sodass alle Spargelspitzen möglichst nebeneinander liegen können) die Butter in dem Wein. Achte darauf, dass die Butter nicht braun wird! * Gib dann deine gewaschenen Spargelspitzen dazu und gare sie bei mittlerer Hitze und geschlossenem Topfdeckel. * Würze mit Salz, weißem Pfeffer und dem Zucker. * Anfangs musst du öfters umrühren. * Wenn der Spargel weich genug ist, gieße die Sahne hinzu und lasse die Sauce bei offenem Deckel einkochen. * Gib dann deine gewiegten Kräuter dazu. * Einmal umrühren und du kannst servieren!

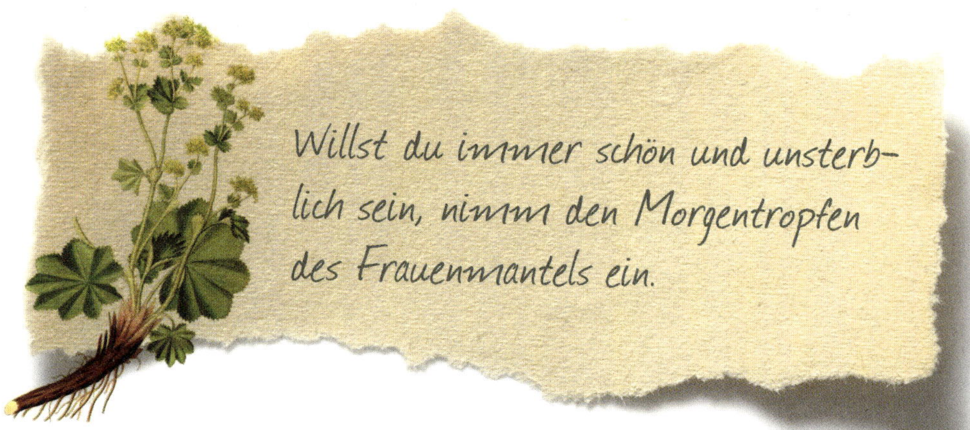

Frauenmantel

[Alchemilla vulgaris]

Marienkraut, Kroanfuß, Frauenrock, Löwenfußkraut, Ohmkraut

Der zarte, weiche Frauenmantel gilt als Frauenheilkraut. Er ist reich an Pflanzenhormonen ähnlich dem weiblichen Progesteron und hilft als Tee bei prämenstruellen Beschwerden, Menstruationsschmerzen und in den Wechseljahren. Nach der Geburt unterstützt er die Milchbildung. Am frühen Morgen kann man den Unsterblichkeitstropfen inmitten des grünsamtenen Blätterrocks ernten. Durch Guttation wird aus dem Stängel des Frauenmantels in einer feuchten Nacht der diamantene Tropfen herausgepresst. Diesem spricht man seit jeher magische Wirkungen zu. Auf Gesicht und Augen getupft, bringt er ein Strahlen auf die Haut, verschönt und verjüngt. Ausgesprochen Kundige konnten angeblich mit der Hilfe des Diamantropfens im alchemistischen Prozess Gold gewinnen.

BESUCH BEI DER FRAUENBEMANTELTEN

„Sammle die Unsterblichkeitstropfen, es sind die Tränen der Freya, die um ihre verirrten Kinder weint und ihnen mit ihrem Mitgefühl den Weg wieder weist", riet die Frauenbemantelte abseits des Dorfes einer alternden Frau, die fürchtete, ihre Kräfte und damit auch ihre Lust und Freude zu verlieren. „Sammle sie, wenn es auf den schwarzen Mond zugeht und ein letzter silberner Strahl in den Blätterkelch gefallen ist. Brich schweigend, noch vor dem ersten Sonnenstrahl auf und gib die strahlenden Tropfen in einen kristallenen Becher. Trinke davon drei Schluck und verteile den Verbleib auf Gesicht, Schoß und Hände." Und siehe da, die alte Frau erblühte wieder zu neuem Leben. „Wer braucht schon Gold, wenn eine ihre unschuldige Frische wieder gewonnen hat", lachte sie über die Herren, die in vergeblichen Versuchen, das kostbare Metall zu gewinnen, ihre Zeit vergeudeten. „Nicht auseinandernehmen, sondern zusammenfügen will ich das, was heil werden kann."

Juni

In Junis linker Hand leuchtete das Johanniskraut:
„In die dunkelsten Ecken unserer Seelen falle das Licht und wir erhalten das zweite Gesicht."

1. Juni

Heute, am **01.06.**, ruft uns eine mächtige Linde zu sich. Beim Fahrradfahren habe ich sie morgens entdeckt. Millionen Blüten sind umschwärmt von unzähligen Insekten, die ihr fortwährendes Loblied auf den Baum der Liebe klingen.

Linde

[Tilia]

Baum der Liebe, Freyalinde, Marienlinde

Wenn der Lindenbaum summt, ist es so weit. Die duftenden Blüten sind nicht nur heißbegehrt unter den Bienen und Hummeln, Menschen lieben sie gleichermaßen. Die lindernde Ausstrahlung und Wirkung des freundlichen Baums wurde bereits von den alten Germanen geschätzt. Linden bildeten bis ins späte Mittelalter hinein den Dorfmittelpunkt. Unter ihren herzförmigen Blättern wurde getanzt und gefeiert, versprachen sich junge und alte Paare ewige Liebe. Die Linde gilt auch als starker Schutz- und Familienbaum. Ins Zentrum des Familienbesitzes, des Hofs, wurde sie gepflanzt, damit sich alle wohlgesonnen blieben. Die freundliche Linde reagiert sehr empfindlich auf Abgase. Aus diesem Grund wird sie leider immer seltener.

Lindenblütentee ist ein richtiger Wintertee, gut für das gesamte Immunsystem. Am besten trinkt man ihn, mit Honig gesüßt, im Bett und fängt anschließend tüchtig zu schwitzen an. So haben Erkältungen, Bronchitis, Husten und Grippe keine Chance mehr. Lindenblütentee wirkt außerdem schleim- und krampflösend. Bei gereizten Augen legt man sich entweder beim Einschlafen Lindenblütenblätter auf die Augen oder man tupft sich Lindenblütenwasser mit einem Wattepad auf. Achte darauf, dass die zartgrünen Hochblätter auch mit dabei sind. Die beste Zeit ist bis 3 Tage nach dem Aufblühen. Trockne sie vorsichtig und bewahre deine lichtempfindliche vollkommen trockene Beute in dunklen, gut verschließbaren Gefäßen auf.

LINDENBLÜTENTEE ÜBERBRÜHT

- *1 Tasse heißes Wasser*
- *2 TL getrocknete Lindenblüten*
- *1 EL Honig*

Lasse deinen Tee 5–10 Min. ziehen und süße dann mit Honig. Dies ist der Erkältungs- und Wintertee.

LINDENBLÜTENTEE KALTANSATZ

Man kann die Lindenblüten auch kalt ansetzen. * Gib ½ Handvoll frische Lindenblüten auf 1 l Wasser und lasse sie 6–8 Stunden ziehen. * Das ist herrlich erfrischend und besser als jede Limonade.

Du kannst die Mischung auch zum Kochen bringen. Der kalt angesetzte Tee färbt sich rot. Er schmeckt am besten lauwarm oder kalt. Nach dem Sport hilft der kalt angesetzte Lindenblüten-Tee Schlackenstoffe im Körper zu lösen und auszuscheiden. Der Kaltauszug von frischen Lindenblüten oder der abgekühlte kalt angesetzte Lindenblütentee stillen den Durst und erfrischen. In den Wechseljahren kühlt der kalt angesetzte Lindenblütentee Hitzewallungen herunter.

LINDENBLÜTENHONIG

Gib 1 Tasse Lindenblüten auf 1 Glas möglichst flüssigen Honig und vermische beides sorgfältig.

Lindenblütentee, Albträume ade.

LINDENBLÜTENBAD

Für einen entspannenden und die Abwehrkraft steigernden Badesud übergieße 2 Handvoll Lindenblüten mit 1 Liter heißem Wasser, lasse den Sud 10 Min. ziehen, filtriere ab und gib es dem Badewasser zu. * Dieses Bad ist eine Wohltat bei Rheuma; nervöse Menschen oder „überdrehte“ Kinder beruhigen sich bald.

LINDENBLÜTENWASSER

Bewahre dir die Reste aus der Teekanne auf, tunke einen Wattebausch hinein und reinige damit dein Gesicht. * Genieße dabei die erfrischende Wirkung. * Legst du dir 2 getränkte Watte-Pads auf die Augen, entspannen sie sich bei Entzündung oder Schwellung.

GESICHTS- UND HAARWASSER

Überbrühe 1 EL getrocknete Lindenblüten mit 250 ml heißem Wasser und lasse den Tee abkühlen. * Fülle ihn in eine Sprühflasche und besprühe dein Gesicht. * Das beruhigt angespannte, gereizte Haut. * Als letzte Spülung nach der Haarwäsche werden die Haare geschmeidig und die Kopfhaut entspannt sich.

LINDENBLÜTEN-LIKÖR

- *30 g getrocknete Lindenblüten*
- *10 g getrocknete Rosenblätter*
- *0,7 l Birnenbranntwein*
- *1 Vanilleschote*
- *5 Aprikosen*
- *100 g Kandiszucker*

Die Vanilleschote aufschlitzen und die entsteinten Aprikosen klein schneiden. * Alle Zutaten in eine Flasche füllen und 2 Wochen an einem warmen, sonnigen Platz ziehen lassen. * Filtern und 4 weitere Wochen im Dunkeln reifen lassen.

Wilde Karde

[Dipsacus sylvestris]

Weberkarde, Venusbecken, Walkerdistel, Weberdistel

Die mächtige Urpflanze flößt Respekt ein und ist außergewöhnlich nützlich. Seit der Steinzeit verwendeten unsere Ahnen die abgeblühten Blütenköpfe der Wilden Karde zum Kämmen, „Karden", ungesponnener Wolle und zum Aufrauen von gewebten Tüchern. Diese werden dadurch haltbarer.

Die riesigen, kräftigen Blätter der Karde bilden viele Sammelbecken, sogenannte Venusbecken für das Regenwasser. Davon profitierten nicht nur die uralten Jäger und Sammler, sondern bis heute viele Tiere, besonders die Vögel.

Spätestens seit dem Mittelalter nutzte man das Wasser der Karde als Schönheitswasser für kosmetische Zwecke. Wer Kardenwasser auf sein Gesicht streicht, leuchtet von innen heraus, so hieß es.

Die sehr bittere Heilpflanze wirkt antibakteriell, blutreinigend, entgiftend, galle-, harn- und schweißtreibend. Mit ihrer Kraft stärkt man das Immunsystem, wendet Tee und Tinktur bei Magen- und Gallenschwäche, Arthritis, Gicht, Rheuma, Hautkrankheiten und Kopfschmerzen an. Die Wurzel der Karde sammelt man am besten im Herbst um den Neumond herum. Sie wird zerkleinert und vorsichtig im Backofen bei 40° C getrocknet.

KARDENBLÄTTER-TEE

- *½–1 TL getrocknete Kardenblätter*
- *1 Tasse heißes Wasser*

Die Blätter überbrühen, 10 Min. ziehen lassen. * Der sehr bittere Tee aus den Blättern der Wilden Karde regt den Stoffwechsel und damit die Entgiftung an.

Glücksklee

Heute haben wir auch noch Glück! Petra findet ein vierblättriges Kleeblatt auf dem Heimweg. Die Chancen auf ein weiteres stehen 1:10000 – deshalb wünschen wir sofort – was, wird natürlich nicht verraten.

Heimweg mit Beute

Manu ist froh, dass es nach Hause geht. Heute hat er herausgefunden, dass er auf Lindenblüten sehr allergisch reagiert. Er niest in einer Tour und seine Augen sind ganz rot geschwollen. Er legt sich 2 Wattebäusche mit dem Wilden-Karden-Wasser auf die Lider. Das lindert das Jucken sofort.

4. Juni

04.06. Unser nächste Kräutertag ist der Schafgarbe gewidmet. Die Bündel sind getrocknet und wir können die freundlichen Heilpflanzen klein schneiden. Was an den Stängeln hängen bleibt, wird durch ein Sieb gestrichen und als feines Schafgarbenpulver aufbewahrt.

Schafgarbe

[Achillea millefolium]

Augenbraue der Venus, Bauchwehkraut, Frauenkraut, Frauendank, Jungfernkraut

Das Wort Garbe kommt aus dem Altdeutschen und bedeutet „Gesundmacher", „die Heilende". Mit Schafgarbentee und -kompressen werden Wunden gestillt, Blasen- und Nierenleiden geheilt, Menstruationsbeschwerden und zu starker Blutfluss gelindert. Das Frauenkraut wirkt krampflösend und kommt sogar bei Krampfadern und Hämorrhoiden zum Einsatz. Schafgarbentee ist ein guter Begleiter im Krankenhaus, nach Operationen. Als Schafgarbenpulver kann man es leicht mitnehmen. Schafgarbe wärmt den Körper sanft von innen und gleicht dort aus, wo es nötig ist. Schafe wissen das längst und fressen sie besonders gern. Darunter leidet unsere Garbe nicht, sondern wächst unermüdlich wieder nach.

Schafgarbe wird komplett mit Stängel geerntet und getrocknet. Alle Teile kommen klein geschnitten in den Tee. Mit Schafgarbenstängeln wird bis heute orakelt, denn die „Augenbrauen der Venus" schenken Visionen. Lege dir vor dem Schlafengehen 2 hübsche gefiederte Brauen auf die Lider, atme ihren Dampf ein und achte auf Hellträume. Die Schafgarbe verleiht manch einer/m hellseherische Fähigkeiten.

Wenn du deine Träume lebst und dich an deinen Visionen labst, ist es die Schafgarbe, die du magst.

SCHAFGARBEN-TEE

- *1 TL getrocknete Schafgarbe*
- *1 Tasse kaltes Wasser*

Setze die klein geschnittene, getrocknete Schafgarbe in kaltem Wasser an und lasse sie 1–2 Min. aufkochen. * Lasse deinen Tee 10 Min. ziehen und trinke ihn dann. * Schafgarbentee schmeckt auch gut, wenn er aus frischen Blättern zubereitet wird. * 3–4 kleine Blättchen genügen für eine Tasse. * Sobald der Tee ein wenig abgekühlt ist, lässt er sich als Kompresse verwenden. * Tränke ein Tuch und lege es auf die schmerzende Stelle.

SCHAFGARBEN-BAD BEI UNTERLEIBS-, BLASEN- UND NIERENLEIDEN

- *100 g Schafgarbe*
- *1 l Wasser*

Koche die getrocknete Schafgarbe auf und lasse sie 20 Min. ziehen. * Gib den Sud in dein warmes Badewasser. Das wirkt entspannend, auch bei Rückenschmerzen im unteren Bereich.

WECHSELJAHRESTEE GEGEN HITZEWELLEN

- *Beifuß*
- *Eisenkraut*
- *Schafgarbe*
- *Tausendgüldenkraut*
- *Zinnkraut*

Kräuter zu gleichen Teilen mischen. * Daraus einen Tee zubereiten und jeden Tag eine Tasse trinken. Schmeckt nicht, wirkt dafür um so besser.

… Und dann finden wir so viele Brennnesseln, an denen bereits die wunderbaren Samenrispen hängen, dass wir uns jetzt ganz ihr zuwenden.

Brennnessel

[Urtica dioica]

Die Brennnessel ist ein kraftspendendes Allround-Genie. Ihre „Stiche" wirken vorbeugend und bei akuten Schmerzen gegen Rheuma und Arthritis, ihre Samen sammelt man als vitalisierendes Kräftigungsmittel.

Sie enthalten hormonähnliche Substanzen: Sitosterin und Vitamin E – Fruchtbarkeitsvitamine, die bei chronischer Müdigkeit und Leistungsschwäche hilfreich sind. Für stillende Mütter regen die Samen die Milchbildung, für Männer die Samenproduktion an. Brennnesselblättertee wirkt harntreibend und entschlackend, ist gut bei Ekzemen und Hauptproblemen, bei Nierensteine und Harngrieß, Rheuma und Gicht. Generell profitieren Blut und Knochen von der Kraft der Brennnessel. Eine zweiwöchige Frühjahrskur vertreibt alle Müdigkeit aus den Zellen.

Brennnesselberührungen tun zwar weh,
jedoch heilen sie, am besten im Tee.

BRENNNESSELTEE

1 TL Brennnessel auf 1 Tasse Tee. * Wasser zum Kochen bringen, über die Brennnesseln gießen und zugedeckt circa 5 Min. ziehen lassen. * Abseihen. Langsam und schluckweise trinken.

BRENNNESSELSALZ

- *1 Teil Brennnesselsamen*
- *2 Teile Meersalz*

Röste die Brennesselsamen ohne Fett vorsichtig in der Pfanne an und mische dann im Mörser das Salz unter die Samen. Brennnesselsalz schmeckt köstlich auf Salat, Ei, Nudelgerichten und Gemüse und versorgt den Körper mit Eisen.

BRENNNESSELESSIG

- *Brennnesselwurzeln*
- *Weinessig*

Die klein geschnittenen Brennnesselwurzeln werden in einem starken Weinessig in einer luftdicht verschlossenen Flasche angesetzt. * Die Mischung reift 3–4 Wochen an einem sonnigen Fensterplatz. * Mit diesem Haarwasser reibt man die Kopfhaut ein. Brennnesselessig ist ein starkes Mittel gegen Schuppen und Haarausfall.

BRENNNESSELGEMÜSE

- *½ Stofftasche voller Brennnesseln*
- *1 große Zwiebel*
- *2 EL Haselnüsse*
- *½ Becher Saure Sahne*
- *1 EL Mehl*
- *1 EL Butter*
- *1 Glas Weißwein*
- *Brennnesselsalz, Pfeffer, Muskat,*
- *2 getrocknete Chilischoten nach Belieben*

Verlese die Brennnesseln. * Dünste die fein gewürfelte Zwiebel in Butter an und gib die Brennnesselblätter dazu. * Lösche mit einem Schuss Weißwein ab. * Röste die grob geraspelten Haselnüsse in einer kleinen Pfanne an und streue sie ein. * Gib den Esslöffel Mehl dazu und rühre die Saure Sahne unter. * Würze mit dem Brennnesselsalz, Pfeffer, Chilischote und Muskat. Dazu schmecken frische Kartoffeln.

KÄSE-PETERSILIENNOCKEN MIT BRENNNESSELCREME

- *2 Schüsseln voller junger Brennnesselblätter*
- *4 Zwiebeln*
- *Knoblauchrauke oder eingelegte Bärlauchsamen*
- *6 EL Olivenöl*
- *4 EL Mehl*
- *Gemüsebrühe*
- *2 Bund glatte Petersilie oder Weißkleeblätter*
- *Muskatnuss*
- *200 g geriebener frischer Parmesan*

Nocken:

- *200 g würziger Schnittkäse*
- *200 g Quark*
- *6 Eigelb*
- *6 Eiweiß*
- *10 EL Semmelbrösel*
- *2 Bund Petersilie*
- *Salz*
- *Pfeffer*
- *100 g geröstete Pinienkerne*

Für die Nocken den Käse reiben und mit den Eigelb, dem Quark und den Semmelbröseln zu einem Teig vermengen. * Gehackte Petersilie und sehr steif geschlagenes Eiweiß vorsichtig darunterheben. * Würzen. * Mit einem Teelöffel kleine Nocken abstechen und in sprudelndes Salzwasser geben. * 5 Min. ziehen lassen.

Für die Brennnesselcreme die Zwiebeln und die Knoblauchrauke oder Bärlauchsamen andünsten. * Die Brennnesselblätter dazugeben und so lange dünsten, bis sie zusammenfallen. * Unter Rühren das Mehl dazugeben. * Das Gemüse knapp mit der Brühe bedecken. * 15 Min. köcheln lassen. * Alles pürieren. * Es soll eine geschmeidige Creme ergeben. * Mit Muskat, Pfeffer und Salz abschmecken. * Den Parmesan darüberreiben und die Petersilie dazugeben. * Umrühren. * Die Nocken darüber verteilen.

... Es ist heiß und wir nehmen ein Fußbad, in das wir das Rosen-Badesalz eingestreut haben. Dann brauen wir uns ein kühles Bier.

LÖWENZAHN-BRENNESSEL-BIER

- *9 g Löwenzahnblätter*
- *6 g Brennnesselblätter*
- *2,5 l Wasser*
- *14 g frischer Ingwer*
- *⅓ Zitronenschale*
- *⅓ Orangenschale*
- *220 g Zucker*
- *60 g brauner Rohrzucker*
- *⅓ Esslöffel Bierhefe*
- *Natron*

Den Ingwer schälen und reiben. * Die Löwenzahn- und Brennesselblätter waschen, in einen großen Topf füllen und 1 ½ l Wasser dazugeben. * Den Ingwer und die geriebene Zitronen- und Orangenschalen hinzufügen. * Die Mischung erhitzen und etwa 30 Min. köcheln lassen. * Den Zucker in einen zweiten großen Kochtopf geben, die kochende Flüssigkeit durch ein Sieb dazuschütten. * Rühren, bis der Zucker aufgelöst ist. * Kaltes Wasser dazugeben und die Flüssigkeit bis auf lauwarm abkühlen lassen. * Die Hefe dazugeben. * Den Topf mit einem Küchentuch zudecken und über Nacht an einen warmen Platz stellen. * Am nächsten Tag den Schaum von der Oberfläche abschöpfen und das Getränk in Flaschen abfüllen. * Die Flaschen verschließen und das Bier 7–8 Tage ruhen lassen. * Mit ein wenig Natron im Glas zum Sprudeln bringen. * Wer einen Soda-Automaten hat, nehme diesen.

5. Juni

Es ist der **05.06.**, mein Geburtstag. Meistens habe ich Glück – die Sonne strahlt vom Himmel und ab dem Nachmittag kommen die Gäste. Wir können im Garten sitzen und feiern ...

SPINAT-GEBURTSTAGSTORTE

Füllung:

- *750 g frischer Blattspinat*
- *1 Stange Lauch*
- *3 Frühlingszwiebeln*
- *1–2 TL frischer Majoran*
- *2 EL eingelegte Bärlauchsamenkapseln*
- *1 EL Petersilie*
- *½ Bund Rucula*
- *1 trockenes Brötchen*
- *100 ml Milch*
- *80 g Parmesan*
- *1 Mozzarella*
- *500 g Magerquark*
- *50 g Butter*
- *3 Eier*
- *1 Schuss Weißwein*
- *Salz, Pfeffer, Muskat*

Teig:

- *500 g Mehl*
- *2 EL Olivenöl*
- *1 TL Bärlauchsalz*
- *¼ l Wasser*

Diese Spinattorte lässt sich gut vorbereiten und vorbacken. Wenn die Gäste hungrig sind, einfach circa ½ Std. bei 120° C aufwärmen.

zum Rezept

Das Rezept ist aufwendig, lohnt sich allerdings sehr.

Knete die Zutaten für den Teig circa 10 Min. gut durch und forme dann eine Kugel, die du mit einem feuchten Tuch umwickelst und 1 Std. ruhen lässt. * Teile deinen Teig anschließend in 12 gleich große Stücke und rolle zunächst 5 davon dünn aus. Jedes Teil muss so groß werden, dass es über den Rand deiner runden gefetteten Quiche- oder Kuchenform hinauslappt. * Immer, wenn du eine Schicht in der Form untergebracht hast, bepinselst du sie dünn mit Olivenöl. * Die letzte Schicht bekommt eine Handvoll grob geriebenen Parmesan.

Für die Füllung schwitzt du in einem großen Topf die klein geschnittenen Frühlingszwiebeln ohne das Grüne mit dem gewürfelten Lauchweiß in Butter an. * Gib anschließend den gewaschenen Spinat hinzu. Schneide ihn einfach mit einer großen Schere in größeren Teilen in den Topf. * Jetzt kommen die Bärlauchsamen, der Majoran, die Petersilie, das Grün der Frühlingszwiebeln und der Schuss Weißwein dazu. * Dünste den Spinat nur kurz an, er soll knackig bleiben. * Weiche in dieser Zeit das gezupfte Brötchen in der Milch ein und mische es unter den Quark. * Gib den geriebenen Parmesankäse und den in Stücke geschnittenen Mozzarella dazu, mische 2 Eier in die Masse und hebe den Spinat vorsichtig unter. * Würze mit klein geschnittenem Rucola, Pfeffer, Salz und Muskat.

Gib die Füllung auf deine Teigböden und drücke in die Mitte mit dem Löffel eine Vertiefung. * In diese lässt du das letzte Ei vorsichtig hineingleiten. * Rolle jetzt die anderen 6 Teigkugeln für dein Tortendach aus. Auch diese sollten etwas größer sein als die Form. * Du pinselst wieder jede Schicht mit Öl ein. * Rolle dann die überlappenden Teigränder zusammen, sodass ein schmales Band entsteht. * Backe deine Spinattorte in circa 75 Min. bei 180° C Umluft goldbraun. * Serviere sie lauwarm oder kalt.

SPUNDEKÄS'

- *500 g Magerquark*
- *1 Becher Schmand*
- *1 Becher Saure Sahne*
- *300 g Frischkäse*
- *1 Joghurt*
- *1 Zwiebel*
- *Salz, Pfeffer*
- *1 EL scharfes Paprikapulver*
- *mind. 1 EL süßes Paprikapulver*
- *2 EL mildes Speiseöl (Sonnenblumenöl etc.)*
- *1 Beutel Salzbrezeln*

Würfle die Zwiebel so fein wie möglich. * Verrühre die restlichen Zutaten bis auf den Paprika zu einer feinen Creme. * Würze mit Paprikapulver, bis der Spundekäs' eine leicht rosa Farbe annimmt und kräftig schmeckt. * Lass ihn am besten über Nacht, aber mindestens 3–4 Std. ziehen und würze gegebenenfalls nochmals nach. * Serviere ihn in einer großen Schale oder vielen kleinen Schälchen. Mit den Brezelchen wird der Spundekäs' jetzt „ausgelöffelt".

Dieses Rezept ist ein beliebter Party-Renner und auch beim Grillen gerne gesehen!

Platz für Notizen:

LAMMHACKFLEISCHBÄLLCHEN

- *500 g Lammhackfleisch*
- *1 Ei*
- *1 Zwiebel*
- *Semmelmehl von 1 Brötchen*
- *2 EL eingelegte Bärlauchsamen*
- *2 EL klein geschnittene Petersilie*
- *2–3 Zweige frischer Zitronenthymian*
- *1 Zweig frischer Rosmarin*
- *3 eingelegte getrocknete Tomaten*
- *50 g Ziegenfrischkäse*
- *Bärlauchsalz, Pfeffer, 1 getrocknete Chilischote*

Schneide die Kräuter klein, würfle den Ziegenkäse und stelle ihn beiseite. * Mische alle anderen Zutaten am besten mit den Händen zu einer leicht haftenden Masse und hebe dann vorsichtig den Ziegenkäse unter. * Forme mit nassen Händen kleine Bällchen und brate sie von allen Seiten in Olivenöl an, bis sie knusprig sind. * Stelle dann die Herdplatte auf sehr geringe Hitze und brate sie langsam gut durch. So bleiben sie innen zart.

Dieses Rezept kann gleich hier weiterverarbeitet werden!

LASAGNE MIT FRISCHEM SPINAT UND LAMMHACKBÄLLCHEN

- *1 Pkg. Lasagneblätter*
- *8 kleine Lammfleischhackbällchen*
- *500 g frischer Spinat*
- *2 Tomaten*
- *1 Stange Lauch*
- *2 EL Bärlauchsamen*
- *1 Mozzarella*
- *2 Tomaten*
- *2 EL Butter*
- *2 EL Mehl*
- *Spinatwasser, ein Schuss Weißwein*
- *1 Becher Sahne*
- *Muskatnuss, Pfeffer, Bärlauchsalz*
- *200 g geriebener Emmentaler*

Bereite die Lammhackfleischbällchen (Seite 114) zu und brate sie. * Schneide sie anschließend in 2 Hälften. * Dünste den Spinat kurz zusammen mit dem gewürfelten Lauchweiß in einem großen Topf an und gib einen Schuss Weißwein dazu. * Schneide den Mozzarella in grobe Stücke. * Bereite eine Mehlschwitze zu und gib die Bärlauchsamen hinein. * Fülle mit dem Spinatwasser und der Sahne auf und würze kräftig mit Pfeffer, Bärlauchsalz und Muskat. * Schichte jetzt die Lasagneblätter in deine Form und bedecke sie mit einem Teil deiner weißen Soße. * Darauf kommt eine Lage Spinat mit der Hälfte des Mozzarellas. * Streue noch ein bisschen Emmentaler auf diese erste Lage. * Die zweite Schicht Lasagneblätter wird mit den Frikadellen und der weißen Soße belegt. * Darauf kommt erneut weiße Soße, Spinat und der restliche Mozzarella. * Auf die oberste Lasagneblätterschicht kommen noch einmal weiße Soße und die in dünne Scheiben geschnittenen Tomaten. * Darauf verteilst du den restlichen geriebenen Käse und einige Butterflöckchen. * Streue noch ein wenig Paprikapulver darüber und backe deine Lasagne circa 40 Min. bei 180° C.

Sauerampfer

[Rumex acetosa]

schmeckt herrlich sauer und ist reich an Vitamin C. Der Sauerampfer vertreibt Müdigkeit und fördert als Tee die Verdauung. Er schmeckt im Salat, in der Suppe und im Gemüse. Soßen aus dem Kraut passen gut zu Fisch, Eierspeisen und Kartoffeln.

11. Juni

Am **11.06.** finden wir bei unserem Kräuterspaziergang gleich ein ganzes Gebiet, das sich der Sauerampfer erobern konnte. Anschließend bereiten wir uns ein köstliches Mahl rund um den Sauerampfer zu.

SAUERAMPFERSUPPE

- *2 Handvoll Sauerampferblätter*
- *4 kleine Kartoffeln*
- *½ l Wasser*
- *1 Schuss Weißwein*
- *1 Zwiebel*
- *Butter zum Andünsten*
- *2 EL Bärlauchsamen*
- *1 EL Gemüsebrühe*
- *Bärlauchsalz, Pfeffer, 1 Prise Muskatnuss*
- *1 Prise Zucker*
- *½ Tasse Milch (Ziegenmilch schmeckt super!)*
- *1 Schuss Sahne*

Dünste die klein gewürfelte Zwiebel zusammen mit den Bärlauchsamen in einem Topf mittlerer Größe an. * Lösche mit etwas Weißwein ab und gieße mit dem Wasser auf. * Gib die Gemüsebrühe hinein, die geschälten und zerkleinerten Kartoffeln und koche sie weich. * Würze mit Salz, Muskat und Pfeffer sowie der Prise Zucker. * Gib dann die Sauerampferblätter dazu und koche sie circa 5 Min. * Zum Schluss kommen Milch und Sahne hinein. * Püriere deine Suppe und garniere sie mit einigen Sauerampferblättchen. * Noch ein Schuss Weißwein und sie ist servierfertig.

Dazu schmecken in Butter geröstete Toastwürfel. Röste eine Scheibe Toast von beiden Seiten in Butter goldbraun an und streue sie auf die Suppe.

KARTOFFELGRATIN MIT SAUERAMPFER

- *6 kleine gekochte Kartoffeln*
- *2 Frühlingszwiebeln*
- *1 Handvoll Sauerampferblätter*
- *½ Becher Sahne, 1 EL Butter*
- *2 EL geriebener Parmesankäse und einige dünne Scheiben Parmesankäse*
- *1 Prise geriebene Muskatnuss*
- *Frühlingssalz, Pfeffer*

Die geschälten und gekochten Kartoffeln in Scheiben schneiden und in eine Form schichten. * Mit Muskat, Frühlingssalz und Pfeffer würzen, 1 TL Parmesan darüberstreuen. * Dann die erste Schicht Sauerampfer mit klein geschnittener Frühlingszwiebel daraufschichten, ebenfalls würzen. * Jetzt wieder eine Schicht Kartoffeln, dann wieder Sauerampfer. Die oberste Schicht sind die Kartoffeln. * Gieße die Sahne darüber und lege die Parmesanscheiben darauf. * Verteile einige Butterflöckchen über dem Käse. * Bei 180° C im Ofen circa 20 Min. garen.

SAUERAMPFERBUTTER

- *20 Blättchen Sauerampfer*
- *250 g Butter*
- *Salz, Pfeffer*
- *¼ Schale einer Zitrone, ein Schuss Zitronensaft*

Die Sauerampferblättchen werden mit dem Wiegemesser fein geschnitten und mit der Butter vermischt. * Würze mit Salz und Pfeffer, gib den Abrieb der Zitronenschale dazu und zum Schluss den Zitronensaft. * Forme aus der Butter eine Rolle und schneide sie in Portionen. Schmeckt wunderbar zu Pellkartoffeln oder aufs Brot.

SPAGHETTI MIT SAUERAMPFERGEMÜSE

- *2 Handvoll Sauerampferblätter*
- *3–4 kleine Tomaten*
- *1 Zwiebel*
- *1 oranger Paprika*
- *2 EL Sauerampfer-Butter, Olivenöl*
- *Frühlingskräutersalz, Pfeffer*
- *100 g Ziegenfrischkäse*
- *14 Oliven*
- *300 g Spaghetti*
- *1 Lorbeerblatt, Parmesankäse zum Bestreuen*

Setze Salzwasser für die Spaghetti in einem großen Topf auf und gib das Lorbeerblatt hinein. * In der Zeit, bis das Wasser kocht, würfelst du die Zwiebel, schneidest den Sauerampfer mit der Schere in mundgerechte Stücke und den Paprika in Streifen. * Würfle den Ziegenfrischkäse und viertle die Tomaten. * Brate das Gemüse ohne die Tomaten und den Sauerampfer im Wok oder einer großen Pfanne an und gib zum Schluss die Tomaten und dann den Sauerampfer dazu. * Würze mit Pfeffer und Salz. * Wenn die Spaghetti al dente sind, kannst du servieren. * Wenn du magst, streue noch mehr Parmesankäse über deine Spaghetti.

Platz für Notizen:

15. Juni

15.06. Auf unserem Weg begegnet uns die uralte Heilpflanze Artemisia, der Beifuß. In der warmen Sommersonne ist er fast menschenhoch gewachsen. Schon im Vorbeigehen spüren wir die wärmende Kraft, die von der „Machtwurz" ausgeht.

Beifuß

[Artemisia vulgaris]

Machtwurz, Mugwurz, Schoßkraut, Moxakraut heißt auch die Mutter aller Pflanzen.

Man fand Beifußgaben in der Nähe von Knochen in Höhlen, die schon 70.000 Jahre alt sind. Artemisia ist bekannt dafür, dass sie wichtige Übergänge im Leben begleiten kann, und immer dann wirkt, wenn innere und äußere Schwellen zu überschreiten sind. Beifuß wird gebraucht, wenn das Leben beginnt und wenn es wieder endet. Der Rauch von Artemisia begleitet die Seelen im Flug über die Schwelle ins Jenseits und öffnet das Geburtstor.

Bis heute räuchern wir Beifuß zur Wintersonnenwende und während der Raunächte. Als Moxakraut wird der Rauch auch bei Unterleibsschmerzen, Gliederschmerzen und Magenproblemen eingesetzt. Man hält einen getrockneten Moxakegel über die entsprechende Stelle, zündet ihn in einem Sieblöffel an und lässt diesen langsam kreisen. In seiner Eigenschaft als Gänsekraut würzt der Beifuß die Weihnachtsgans. Die jungen Frühlingsblätter lassen sich gut dem Salat beimischen, getrocknet können sie auch geraucht werden. Sie beleben die Energie, schenken Visionen und erheitern das Gemüt. Sie sind reich an Vitamin B und C und Karotin. Außerdem enthalten sie viele Mineralstoffe, wie Kalzium, Phosphor und Eisen. Gewinnt man Essig aus den Blättern, stärkt dieser den Verdauungsapparat, regt den Appetit an, normalisiert die Gallenproduktion und kräftigt Dünn- und Dickdarm. Beifußessig eignet sich auch zur Auflösung und Ausleitung von Nierensteinen und zur Anregung der Nieren.

BEIFUSS-TEE, EXTRAKT UND AUFGUSS

Beifußtee eignet sich zur Linderung von Menstruationsbeschwerden. Regelmäßig genossen, stärkt er die Intuition und die Veranlagung zur Hellfühligkeit. Beifußextrakt oder -aufguss vermag Würmer oder andere Parasiten aus dem Darm zu entfernen. Als sanftes Wurmmittel mehrmals täglich über circa einen Monat hinweg getrunken, stärkt er gleichzeitig die Darmwände. Werden 1 oder 2 Tropfen Wermutextrakt hinzugefügt, erhöht sich die Wirkung und die Parasiten können schneller ausgeschieden werden. Ein Bad mit Beifußextrakt lindert rheumatische Schmerzen.

BEIFUSS-ÖL

Ein Glas, gefüllt mit frischen Beifußblättern, wird mit kalt gepresstem Olivenöl bis oben aufgegossen. * Die Blätter drückt man nun so lange kräftig herunter, bis alle Luft entwichen ist. * Dann wird das Glas auf einen Untersetzer gestellt, da im Lauf der Zeit aus dem Glas Öl heraustreten wird, während weitere Luft aus den Blättern entweicht. * Im Anschluss schließt man das Glas mit einem Nesselstoff, auf dem der Deckel locker aufliegt. * Nun wird alle 2 Tage weitere Luft entfernt, indem man die Blätter zusammendrückt. * Bei Bedarf mit Olivenöl auffüllen. * Nach 6 Wochen kann gefiltert werden. * In einem Braunglas aufbewahrt behält das Öl seine Wirkung für 1–2 Jahre.

Es wirkt entkrampfend auf Muskeln und Nerven und würzt in der Küche Salate und Braten.

Fühlst du dich schwach und verloren,
mit Beifuß ist neue Kraft geboren.

BEIFUSS-ESSIG

Frische Beifußblätter werden zu circa einem Drittel in ein Glas gefüllt und mit Apfelessig oder weißem Balsamico aufgegossen. * Dann zieht die Mischung circa 6 Wochen lang an einem warmen, sonnigen Ort. * Filtern und fertig!

BEIFUSS-SAMEN-SALZ

Risple die Samen von den Zweigen und röste sie in der Pfanne leicht an. * Mische sie mit grobem Meersalz. Zum Würzen von Saucen, Salat, Kartoffeln, Braten, Eierspeisen und Käse. Das Beifußsalz hat einen wunderbar starken Geschmack und duftet ... •

BEIFUSS-RÄUCHERBÜNDEL

Die Gegensätzlichkeit der Blattober- und -unterseite (die der Sonne zugewandte Seite ist dunkel und hart, die andere silbrig und weich) weist auf eine besondere Eigenschaft des Beifuß hin: Als Vermittlerin zwischen den Welten ermöglicht Artemisia das Betreten von verschiedenen Ebenen und weitet unseren Blick, indem sie das Unsichtbare aus der Zukunft erscheinen und das Vergessene aus der Vergangenheit auftauchen lässt.

Beifuß verleiht der Aura einen kräftigen Schutzmantel. Für ein Räucherbündel umwickelt man einige Stängel des bei Vollmond gesammelten Krauts mit einem dünnen Faden und hängt sie mit dem Kopf nach unten auf. * Das getrocknete Räucherbündel an den Spitzen entzünden. * Los geht's.

ARTEMISIA-TRANK

Das russische Getränk wird zur Stärkung für alle, die eine Schwelle in ihrem Leben überschreiten, gemischt:

- *2 frische oder einen getrockneten Beifußzweig(e)*
- *2 EL Honig*
- *eine Packung gefrorene Heidelbeeren*
- *1 l Wasser*

Die Beifußzweige für 2 Min. ins kochende Wasser tauchen, herausnehmen, gefrorene Heidelbeeren in den heißen Beifußsud geben und auftauen lassen. * Den Honig unterrühren.

Achtung: Beifuß in höherer Dosierung nicht in der Schwangerschaft einnehmen. Er wirkt krampflösend und wird zur Förderung der Geburtswehen oder andererseits zur Abtreibung eingesetzt.

Malve

[Malva sylvestris]

Käsepappel, Gänsepappel, Kasköpfe, Käslein, Katzenkrallen, Krallenblumen, Pappeln, Schafkas, Schwellkraut

Als Tee getrunken hilft die Malve bei Krankheiten, die die Atmungsorgane betreffen, und bei Fieber. Sie löst den Schleim und lindert den Hustenreiz. Außerdem wirkt die Wurzel entzündungshemmend in Mund, Rachen und Verdauungsorganen und pflegt die Zähne.

Aufgepasst: Malvenblüten und -blätter werden nicht überbrüht. Man setzt einen Kaltauszug an: Blüten im kalten Wasser mindestens 4 Std., besser über Nacht, ziehen lassen und dann das Teewasser vorsichtig auf Trinktemperatur erwärmen. Nicht kochen!

MALVEN-UMSCHLÄGE

Mit dem Brei der zerstampften Blüten und Blätter kann man auch einen guten Umschlag herstellen. * Zerquetschte Blüten, Blätter oder Wurzeln auf die entzündeten Stellen, Abszesse oder Furunkel legen und wirken lassen. * Bei Haut- und Augenentzündungen hilft ein warmer Umschlag mit dem Teeaufguss.

Hast du Schleim im Rachen,
die Malve wird's gleich wieder frei machen.

19. Juni

19.06. Wir bereiten uns heute auf die Sommersonnenwende (Litha) vor. Das Johanniskraut ist erntereif. Wir pflücken Artemisia und insgesamt 18 verschiedene Blumen und Blätter für unsere Sonnenwendskronen. Außerdem ist es höchste Zeit, unsere Hexenbesen aus dem alten Jahr zu verabschieden.

SONNENWENDSKRONE

Für unsere Kronen begegnen uns diesmal 2 x 9 Blumen und Bäume – sie werden alle in einen Kranz gebunden: Eichenblätter, Sauerampferblüten, 3 verschiedene Rosenarten, Mohnblumen, Beifuß, Malve, Johanniskraut, Holunder, Natterblume, Wicke, Brennnessel, Taubnessel, Schafgarbe, Kapuzinerkresse, Spitzwegerich und ein weiß blühendes Blümchen, das wir nicht identifizieren können. * Unsere Basis bildet das klebrige Klettenlabkraut.

Johanniskraut

[Hypericum perforatum]

Die goldgelben Blüten des Johanniskrauts fangen die hellen Strahlen der Sonne ein und bringen sie den Menschen. Johanniskraut ist bekannt dafür, dass sein rubinrotes Öl die Schatten aus den hintersten Winkeln der Zellen und Seele vertreibt und stattdessen das Sonnenlicht hineinträgt. Bis heute nutzt man das Öl zur Stärkung und als Nerven- und Wundheilmittel.

Das Sommersonnwendsfest ist so alt wie die Menschheit selbst. Jetzt feiern wir die Hoch-Zeit des Jahres und die in ihrer ganzen Königinnenkraft erstrahlende Sommergöttin. Zum zum Zeichen ihrer Würde trägt sie eine Blütenkrone. Hier ähneln sich die Bräuche europaweit: Die Menschen verbanden sich durch gebundene Blütenkronen mit ihrer lichten Kraft und trugen Johanniskraut und Beifußgürtel beim Tanz um die Sonnenwendsfeuer. Sie feierten ausgelassen die Fülle, die der Sommer ihnen schenkte.

Erkennungszeichen für Echtes Johanniskraut

Es ist getüpfelt: Auf den Unterseiten der Blättchen kannst du die dunklen Drüsen erkennen, die das wertvolle Hypericin enthalten. Sie ähneln kleinen Löchern. Wenn du ein Blättchen zerreibst, färben sich deine Finger leicht rot. Das Echte Johanniskraut hat die meiste Kraft und die meisten Öldrüsen – der Stängel verläuft zweikantig.

JOHANNISKRAUTÖL

› *Blüten und Knospen des Johanniskrauts*
› *Gutes Olivenöl*

Mörsere oder zerdrücke Blüten und Knospen mithilfe einer Küchenrolle. * Fülle ein Glas zu einem Drittel mit Blüten und Knospen und gieße mit Öl auf, bis alles gut bedeckt ist. * Lasse das Glas in der Sonne stehen, bis sich nach 2–3 Wochen das Öl tiefrot gefärbt hat. * Gieße ab, filtere es in ein dunkles Glas und verwende es bei Sonnenbrand und zur Unterstützung der Wundheilung oder für irritierte Haut, Akne oder Schuppenflechte.

Ist es dunkel in dir drin, Johanniskraut bringt Sonne hin.

JOHANNISKRAUT-TEE UND -TINKTUR

› *Obere Spitzen der Pflanze*
› *Blüten und Knospen*
› *Wasser bzw. ein klarer 45 %iger Alkohol, z. B. alter Grappa*

Fülle für die Tinktur ein Schraubglas mit den Blättchen, Knospen und Blüten der oberen Spitzen des Johanniskrauts und gieße mit Alkohol auf, bis alle Pflanzenteile bedeckt sind. * Lasse deine Tinktur 3 Wochen stehen und filtere sie dann in ein sauberes dunkles Glas. * Nimm 3 Mal tägl. 20 Tropfen ein bei Blutarmut, Nervosität, Schwermut, depressiven Verstimmungen und Erschöpfung. Nach einem Schock trinkst du gleich ein kleines Schnapsgläschen.

Für den Tee dosierst du einen Teelöffel auf eine Tasse. * Trinke 3 Tassen täglich über mindestens 6 Wochen, wenn du eine innerliche Licht-Kur machen und Missstimmungen vertreiben willst.

Aufgepasst: Johanniskraut lässt die Haut empfindlicher auf Licht reagieren – wer da sehr sensibel ist, kann sich eine gereizte Haut unter zu viel Sonneneinstrahlung einhandeln.

Sammeln:
Schneide das Johanniskraut kurz über dem Boden ab. Trockne die ganze Pflanze in lose zusammengebundenen Sträußen an einem luftigen, schattigen Platz. Bewahre sie am besten in einer Papiertüte auf, das Johanniskraut schimmelt schnell, wenn es nicht ganz trocken ist.

Kleiner Sommersonnenwendszauber

... wir fahren an den Rhein und nehmen unsere alten Besen vom vergangenen Jahr mit. Unterwegs rufen uns die Leute fröhlich zu: „Na so was, es gibt noch Hexen, schaut mal!“ Ein kleines Apfelbäumchen schenkt uns drei seiner Äpfel. Wir finden eine gute Stelle und sprechen in die kleinen Äpfel unsere Wünsche hinein. Zusammen mit den Besen setzen wir sie auf den Weg.

„Gute Fahrt und gute Reise!“

Je länger der Ausflug, desto größer der Hunger beim Heimkommen. Manche Gerichte kochen sich auch von selbst. So beispielsweise:

GARANTIERT GELUNGENER REIS IN ABWESENHEIT

- *1 TL Butter*
- *1 Tasse Reis*
- *2 Tassen Wasser – bei Vollkornreis sind es 2 ½ Tassen*
- *½ TL Salz*
- *Kräuter nach Belieben*

Reis abmessen und in der geschmolzenen Butter im Topf schwenken. * 2 Tassen Wasser zusammen mit dem Salz dazugeben. * Deckel auf den Topf! * Den Reis aufkochen lassen, den Herd gleich auf mittlere Hitze herunterschalten und den Reis 3–5 Min. weiterkochen lassen. * Dann kannst du abschalten und wenn du magst, weggehen. Wenn du wiederkommst, ist der Reis perfekt gegart. * Vielleicht musst du ihn nochmals in der Pfanne mit Butter aufbraten – je nachdem, wie lange du weg warst. Natürlich kann der Reis auch auf kleiner Flamme fertig garen. Sobald sich kleine Strudel bilden, ist er fertig.

Altes China-Reis-Geheimnis

Die Chinesen sagen: Schau dem Reis niemals beim Kochen zu! Lass ihn unter geschlossenem, nicht durchsichtigem Deckel garen und das Ergebnis wird besser sein.

Wenn du jetzt noch ein paar Wild- oder Gartenkräuter dazugibst, wie z. B. Schafgarbe, Spitzwegerich, Brennnesselsamenwürstchen, Dost, Rotkleeblüten, Unsterblichkeitskraut, Basilikum etc., hast du eine leckere Beilage zu deinem Sommersalat.

REICHER WILDKRÄUTER-SOMMERSALAT MIT FRISCHKÄSE

Marinade:

- › *3 EL Olivenöl*
- › *2 EL Holunderessig oder Rotweinessig*
- › *1 EL Zitronensaft*
- › *1 EL Senf*
- › *1 EL Honig*
- › *Frühlingssalz, Pfeffer*
- › *Breitwegerich, Spitzwegerich, Schafgarbe, Schnittlauch, Brennnessel, Taubnessel, Vogelmiere, Beinwell, Frühlingszwiebel, Tomaten, Gartengurke, Krauser Salat, Oliven*
- › *Fester, frischer Ziegen-, Schaf- oder Kuhkäse*

Schneide die Kräuter in mundgerechte Stücke, wiege den Schnittlauch, die Vogelmiere und die Frühlingszwiebel mit dem Wiegemesser und würfle den Käse. * Mische die Kräuter vorsichtig unter den Käse. * Zupfe den Salat, würfle die Tomaten und Gurken. * Fülle deine Salatzutaten in eine große Schüssel. * Mische die Salatsoße und hebe sie unter den Salat.

28. Juni

28.06. Wir fahren zum Donnersberg. Idel, die alte, immer junge wunderbare Kräuterhexe, unternimmt mit uns eine Kräuterwanderung. Uns begegnen die unterschiedlichsten, auch seltenere Kräuter, denn der Boden des Donnersbergs ist seit Langem gut behütet. Das unter Naturschutz stehende Tausendgüldenkraut macht am beharrlichsten auf sich aufmerksam.Es verdankt seinen Namen „Centaurium“ dem Zentaur Chiron, dem verwundeten Heiler in der griechischen Mythologie, und ist ein Universaltalent, das fast alles heilen kann, besonders zarte, empfindsame Seelen. 1.000 Gülden zahlte einst ein reicher Mann dem Überbringer des Krauts für seine Genesung – so die Geschichte.

„Verweben will ich mein Leben, das soll jetzt gelten im Tanz der Welten. Ihr Feen herbei, drei Wünsche sind frei. Mit eurer Kraft sei es geschafft. Habt Dank für euer Wirken, ihr Feen in den Birken!“

aus: Sirilya von Gagern,
Botschaften der Großen Göttin,
Irdana

Idel, die Kräuterhexe

Wilde Möhre

[Daucus carota]

Die Wurzel der Wilden Möhre ist zwar klein, aber oho, sie enthält viel Vitamin A, B und C. Die Blüten schmecken sehr fein nach Möhre und ihr delikates Aroma passt in jeden Salat, Kräuterquark und zu allen Eierspeisen. Den Menschen im Mittelalter war die Wilde Möhre ein beliebtes Aphrodisiakum und Wurmkur zugleich. Unverwechselbar ist die Blüte durch die kleine schwarze Perle, die ihre Mitte ziert.

Vorsicht: Der ähnliche, aber giftige Schierling hat dies nicht!

BEINWELL-CREPES MIT WILDER MÖHRE

› *10 Blätter Beinwell*
› *1 Zwiebel*
› *1 Handvoll Blüten der Wilden Möhre*
› *2 Eier*
› *200 g Mehl*
› *Mineralwasser*
› *1 Schuss Milch*
› *Sommersalz, Pfeffer, Muskat*

Schneide die Beinwellblätter klein, würfle die Zwiebel und reibe die Wilden-Möhre-Blüten fein. * Mische aus den restlichen Zutaten einen Pfannkuchenteig und gibt die Zwiebel und die Beinwellblätter dazu. * Backe möglichst viele dünne Crepes.

Beinwell

[Symphytum officinale]

Beinwell stärkt den Instinkt für Erneuerung und Wachstum, dient der Verwurzelung, Widerstandskraft und Flexibilität. Der Geist der Pflanze verleiht uns das Wissen, am rechten Ort zur rechten Zeit zu sein, und stärkt den Sinn für Wahrheit und Wahrhaftigkeit.

„Wellen" oder „wallen" heißt zusammenwachsen, sich zusammenschließen, „Bein" bezeichnet die Gebeine, die Knochen. Unsere Vorfahren wussten, dass das zellbildende Allantoin im Beinwell wie eine Art Klebstoff wirkt, der das, was zusammengehört, auch wieder zusammenfügt, seien es gebrochene Knochen oder Gewebe. Alte Verletzungen an Knochen, Knorpeln, Gelenken, Bändern, Muskeln können mit Beinwell nachbehandelt werden und schwache Bänder und Muskeln, besonders in den Knien, lassen sich allmählich wieder stärken. Ein Umschlag aus Beinwellwurzelpulver, verrührt mit ein wenig Olivenöl und heißem Wasser, und ein Heizkissen daraufgelegt, schafft Abhilfe bei Sehnenentzündungen, Schwellungen und verlorener Flexibilität.

Platz für Notizen:

Beinwell-Gesundheitstipps

Als Tee wirkt er zusammenziehend, schmerzlindernd, schleimlösend. Blätter und Wurzel ergeben einen schmackhaften Sirup. Da Beinwellblätter emulgierend sind, können sie z. B. zusammen mit Lavendel und Rosenblüten für Gesichtsdampfbäder verwendet werden. Der Dampf öffnet die Lungen und löst zähen Schleim. Innere Blutungen in Lunge, Magen und Darm sowie Magengeschwüre werden traditionell mit Beinwell behandelt. Heiße Beinwellkompressen verhelfen dem Damm während der Wehen, lindern die Beschwerden entzündeter Brustwarzen und lassen die Nabelschnur von Neugeborenen schneller abheilen. Ein Blattaufguss reichert die Muttermilch an und fördert den Milchfluss. Beinwell ist in Form von Kaltauszügen, Kompressen und Salben als Knochen- und Wundheilmittel bekannt.

… Für das kalte Buffet in der Pause haben wir bereits am Tag zuvor eine Grüne Sauce und einen Hirsesalat zubereitet:

GRÜNE SAUCE

- *6–8 hart gekochte Eigelb*
- *⅛ l Olivenöl*
- *1 Becher Joghurt oder Saure Sahne*
- *je 20 g frische, fein geschnittene Kräuter: Petersilie, Dill, Zitronenmelisse, Liebstöckel, Estragon, Kerbel, Borretsch, Pimpinelle, Sauerampfer*
- *2 TL scharfer Senf*
- *2 Knoblauchzehen oder zerstoßene Bärlauchsamen*
- *Pfeffer, Salz, Muskat*

Die Eigelb zerdrücken, mit Öl und Senf verrühren. * Joghurt bzw. Sahne dazugeben, die Kräuter fein wiegen und die zerriebene Knoblauchzehe/Bärlauchsamen daruntermischen. * Mit Salz, Pfeffer, Muskat abschmecken.

Aufgepasst: Grüne Sauce ist wirklich grün!

BUNTER HIRSESALAT

- *1 Bechertasse Hirse*
- *2 Bechertassen Wasser*
- *2 EL Tomatenmark*
- *Salz, Pfeffer*
- *Olivenöl*
- *Wildkräuter: Spitzwegerich, Klee, Sauerampfer, Wilde Möhre etc.*
- *3 Tomaten*
- *1 Gartengurke*
- *1 gelbe Paprika*
- *2 Möhren*
- *8 Walnüsse, grob gehackt*
- *12 Oliven nach Belieben*
- *100 g fester Ziegenfrischkäse*
- *Holunder- oder Basilikumessig*
- *Saft ½ Zitrone*

Koche die Hirse in Salzwasser auf, lasse sie für 5 Min. simmern und stelle den Herd wieder ab. * Die Hirse zieht von selbst gar. * Mische das Tomatenmark unter und gib die abgekühlte Hirse in eine Schüssel. * Mische so viel Olivenöl unter, bis sie nicht mehr klebt. * Wiege die Wildkräuter fein, schnipsle das Gemüse, hacke die Walnüsse und/oder die Oliven und mische die Zutaten unter die Hirse. * Schneide den Ziegenfrischkäse in kleine Würfel und hebe diese zusammen mit dem Zitronensaft und dem Essig vorsichtig unter. * Würze mit Salz und Pfeffer.

Dieser Salat eignet sich gut zum Mitbringen – man kann ihn auch einen Tag zuvor vorbereiten. Wer keine Hirse mag, nimmt Quinoa.

29. Juni

29.06. Wolken am Himmel, endlich nehmen wir uns Zeit für die Lampions und legen los mit dem Basteln. Anschließend sammeln wir noch mehr Johanniskraut. Elise pflückt einen riesigen Strauß blühenden Sauerampfer und dann kaufen wir im Gemüseladen Zutaten für eine richtige Kraftbrühe. Beim Metzger besorgen wir uns noch einen dicken Suppenknochen.

2 LAMPIONS

- *Getrocknete und gepresste Blüten, Blätter, Gräser*
- *2 Bögen Transparentpapier*
- *4 EL Tapetenkleister*
- *Wasser*
- *2 Luftballons*
- *Schnur*
- *Sand*
- *2 Teelichter mit Halter*

Zupfe das Transparentpapier in 2–3 cm große Stücke. * Rühre den Tapetenkleister nach Verpackungsanweisung an. * Blase 2 Luftballons auf und binde um den Knoten eine Schnur zum Aufhängen. * Schmiere deinen Luftballon mit dem Tapetenkleister ein. So hoch, wie du dein Lampion haben willst. * Tauche die Papierschnipsel in den Kleister und ummäntle den Ballon mit insgesamt 3 Schichten. * Such dir dann deine Blüten und Blätter aus und füge sie einzeln auf die letzte Schicht. * Decke sie mit weiteren Transparentpapierschnipseln zu.

Hänge die Luftballons zum Trocknen auf. * Wenn sie fertig sind, fallen sie von selbst ab, denn dein Luftballon verliert die Luft und schrumpft. * Fülle den Boden der Lampions mit Sand an, bohre 2 Löcher in den oberen Rand und führe eine Schnur hindurch. * Hänge die fertigen Lampions auf und bestücke sie mit einem Teelicht, das in einem brennsicheren Halter steht.

Fertig sind die Lampions!

KRAFTBRÜHE

- *1 l Wasser*
- *Suppenknochen, schon gesägt, am besten mit Mark*
- *3 Pimentkörner*
- *5 Wacholderbeeren*
- *2 Lorbeerblätter*
- *1 EL Zitronensalz*
- *1 kleiner Stängel Liebstöckel*
- *die Spitze eines Beifußes*
- *2 Chilischoten, getrocknet*
- *1 halbierte Tomate*
- *3 Zweige Thymian*
- *2 Zweige Rosmarin*
- *1 Zweig Bohnenkraut*
- *Wildkräuter-Suppenwürze (S. 139)*
- *1 Zwiebel mit Schale, geviertelt*

Suppengemüse

- *2 Petersilienwurzeln*
- *ein kleiner Sellerie (ein Viertel der normalen Größe)*
- *2 Stangen Lauch*
- *1 Zwiebel ohne Schale, gewürfelt*
- *1 Kohlrabi*
- *3 Möhren*
- *10 Blätter Breitwegerich (optional)*
- *1 Schuss Weißwein*
- *Zitronensaft und eine Prise Zucker zum Abschmecken*

Die gewaschenen Knochen mit allen Zutaten bis zum Suppengemüse 2 Stunden auskochen. * Den ersten Schaum, der sich bildet, abschöpfen, sonst wird die Brühe bitter. * Dann das Suppengemüse grob zerkleinern und in einer Pfanne vorsichtig anrösten. * In die Suppe geben und eine weitere Stunde köcheln lassen. * Mit Zitronensaft, Weißwein und einer Prise Zucker abschmecken. * Die fertige Kraftbrühe durch ein Sieb schütten, einen Teelöffel Zitronensäure dazugeben (für die Haltbarkeit) und noch heiß in Schraubgläser füllen. Entweder einfrieren oder im Kühlschrank lagern.

WILDKRÄUTER-SUPPENWÜRZE

- *½ Korb milde Wildkräuter*
- *½ Korb bittere Wildkräuter*
- *1 Strauß Selleriegrün*
- *5 Stängel Liebstöckel*
- *Wasser*
- *ca. 1 EL Salz*
- *1 Prise Ascorbinsäure*

Pflücke so viele Wildkräuter, dass ein großer Kochtopf mindestens halb voll wird. * Zerkleinere sie grob, die Stiele kannst du dranlassen. * Schneide das Selleriegrün klein und zerzupfe die Liebstöckelblättchen. * Bedecke deine Kräuter mit Wasser und lasse sie bei offenem Deckel vorsichtig köcheln, bis sich der Sud etwa um ein Drittel reduziert hat. Das dauert 2–3 Std. * Salze dann kräftig, gib die Ascorbinsäure dazu und fülle die gefilterte Suppenwürze noch heiß in Schraubgläser. Es muss zu salzig schmecken, nur so hält sie. Wenn du sauber gearbeitet hast, bleibt dein gesunder Maggi-Ersatz im Kühlschrank ungeöffnet mindestens ein Jahr haltbar.

Platz für Notizen:

Juli

Und Juli wedelte Schwaden von entfachten Brennnesselblättern umher: „Mit aller Kraft fließe unser Lebenssaft, rot und rein, so soll es sein.“

2. Juli

02.07. Heute gehen wir zum Damm und sammeln Kräuter für ein Sommersalz. Dabei begegnet uns die Wegwarte. Zuhause widmen wir uns den reifenden Likören und Ölen, gießen sie durch Kaffeefilter ab, bis sie klar werden. Wir kochen uns Spaghetti mit Rucola-Pesto.

Wegwarte

[Cichorium intybus]

Sonnendraht, Sonnenwirbel, Wasserwart, Wegleuchte, Zichori, Zigeunerblume, Zigori

Die Wegwarte steht an den Wegesrändern und weist den Passanten den Weg, indem sie ihre Blütenköpfe erst nach Osten, der aufgehenden Sonne entgegen, streckt und dann ihrem Lauf folgt. Sie ist eine wahrhaftige Seelenpflanze und stärkt das Gemüt, indem sie Milz, Leber und Galle anregt und Stauungen in diesen wichtigen Organen beseitigt. Auch die Bauchspeicheldrüse profitiert von ihrer Kraft. „Nimmerweh" ist ihr Name, wenn sie als Kraut der Feen den Frauen die Geburtsblutungen stillt.

Im Frühjahr oder Herbst werden die Wurzeln ausgegraben und getrocknet. 1 Teelöffel Wurzel kommt auf eine Tasse Tee, wird im kalten Wasser angesetzt und 5 Min. ausgekocht. Bei Beschwerden trinkt man 2–3 Tassen am Tag.

Willst du den richtigen Pfad beschreiten,
achte auf die Wegwarte, sie wird ihn dir bereiten.

SOMMERSALZ

- *Pimpernelle*
- *Schafgarbe*
- *Wicke*
- *Rotkleeblüten*
- *Labkraut*
- *Gänsefingerkraut*
- *1 Zweig Liebstöckel*
- *Steinklee*
- *100 g grobes Salz*

Die Kräuter werden verlesen und anschließend grob geschnitten. * Fülle sie zusammen mit dem groben Salz in deine Küchenschneidemaschine oder mörsere sie fein. * Trockne das Kräutersalz, mit einem Tuch bedeckt, in der Sonne oder bei 60° C mit der Auftaufunktion des Backofens. Ergibt ein kräftiges, grünes Sommersalz.

NACHTKERZENÖL

- *30 Nachtkerzenblüten*
- *Bio-Sonnenblumenöl*

Sammle die Blüten und lasse sie eine Weile draußen stehen, damit die Insekten wieder hinausfinden. * Fülle sie in ein Glas und bedecke sie großzügig mit dem Sonnenblumenöl. * Lasse das verschlossene Glas eine Woche in der Sonne stehen. * Filtere das Öl durch einen Kaffeefilter. Für trockene Haut und trockene Haare. Massiere dir einige Tropfen täglich in Haut und Haarspitzen.

JOHANNISKRAUTSCHNAPS

- *Spitzen der Stängel mit Blüten*
- *½ l Grappa*

Sammle so viele obere Stängel mit Blüten vom Johanniskraut, dass du eine Flasche zu etwa zwei Drittel füllen kannst. * Gieße dann den Grappa auf und lasse die Mischung 6 Wochen an einem warmen Ort ziehen. * Filtere sie. Ergibt diesen wunderschön rubinroten Schnaps. Er erhellt das Gemüt und schmeckt köstlich.

Hier sind außerdem unser fertiger Lindenblüten-Likör (S.101) und das Johanniskrautöl (S. 127)

JOHANNISBEER-KUCHEN

- *150 g Mehl, ca. 50 g Haferflocken*
- *50 g Butter, 1 EL Saure Sahne*
- *5 EL Zucker*
- *1 Ei*
- *500 g Johannisbeeren*
- *250 g Quark*
- *1 EL Öl*
- *3 Eigelb*
- *100 g Zucker*
- *100 g geschälte und geriebene Mandeln oder grob gehackte Haselnüsse*
- *3 Eiweiß*
- *1 Schuss Lindenblütenlikör, Rosenzucker zum Bestäuben*

Die Haferflocken in der Küchenmaschine schroten. * Mit dem Mehl mischen und mit Butter, Zucker und Ei zu einem Teig kneten. * Den Teig eingewickelt 1 Stunde im Kühlschrank ruhen lassen. * Die Johannisbeeren verlesen. * Die Eigelbe mit der Hälfte des Zuckers schaumig rühren, den Quark und das Öl unterheben und mit den Mandeln/Haselnüssen mischen. * Die Eiweiße mit dem restlichen Zucker zu steifem Schnee schlagen und unter die Eigelb-Quark-Mandel/Haselnuss-Masse heben. * Die Johannisbeeren ebenfalls unter die Creme mischen, Likör zugeben. * Den Backofen auf Umluft 180° C vorheizen. * Den Teig ausrollen. * Rand und Boden einer Springform damit auslegen. * Den Teig mehrmals mit der Gabel einstechen, die Füllung darauf verteilen und mit einem Messer glatt streichen. * Den Kuchen auf der zweiten Schiene von unten 40 Min. backen. * Abkühlen lassen und nach Belieben mit Rosenzucker bestäuben. * Wer keine Haferflocken hat, kann sie auch weglassen. Dann nimmt man 200 g Mehl.

LAMM-SPARERIBS

› *1500 g Lammrippchen, gehackt in jeweils 2–3 Knochenabschnitte*

Marinade

- *3 EL eingelegte Bärlauchsamen*
- *1 Zwiebel*
- *1 Knoblauchzehe*
- *2 Zweige frischer Rosmarin*
- *5 Zweige frischer Thymian*
- *12 Salbeiblättchen*
- *5 Wacholderbeeren*
- *2 frische Lorbeerblätter*
- *1 TL Arrabiata*
- *je 1 TL Paprika süß + scharf*
- *1 EL Senf*
- *1 EL Honig*
- *Pfeffer, Salz*
- *Olivenöl*
- *1 Glas trockener Rotwein*

Hacke die Kräuter grob, schneide die Zwiebel und den Knoblauch fein und mische aus allen Zutaten die Marinade für die Sparerips. * Vermenge sie in einem verschließbaren Gefäß mit dem Lammfleisch und schüttle das Gefäß immer wieder gut durch. * Nach 2–3 Tagen kannst du die Rippchen auf den Grill legen oder im Backofen bei 180° C Umluft circa 45 Min. knusprig backen.

9. Juli

09.07. Heute regnet es Bindfäden. Wir nehmen uns das Kästchen mit den getrockneten Blüten vor. Wir kleben die getrockneten Blüten auf ein festes Papier. Es entstehen 3 Blütenbilder, die wir anschließend rahmen und aufhängen.

… Das macht Spaß! Anschließend kochen wir uns Nudeln mit Zucchini-Sauce.

„Gehe nicht, wohin der Weg dich führen mag, sondern dorthin, wo kein Weg ist, und hinterlasse eine Spur."

(Jean Paul)

Blütenbilder

16. Juli

16.07. Es ist heiß! Wir gehen an den Damm, um möglichst viele Wildkräuter pflücken zu können. Weil schon einmal gemäht wurde, blühen die Kräuter jetzt zum zweiten Mal. Wir nehmen von jeder Pflanze ein bisschen, denn wir haben die freie Auswahl in all der Fülle. In unseren Korb wandern Wilde Möhre, Wicke, Labkraut, Spitzwegerich, Wiesensalbei, Pimpernelle, Rucola, Steinklee, Dost, Wegwartenblüten. Dann fahren wir noch am kleinen Gemüseladen vorbei und kaufen Möhren und Sellerie. Daraus bereiten wir:

SUPPENGEWÜRZ

- *1 kg Biomöhren*
- *2 Petersilienwurzeln*
- *1 Sellerieknolle mit Grün*
- *1 kleiner Kohlrabi*
- *190 g grobes Meersalz*
- *10 g Beifußsalz (S. 122)*
- *1 Bund Petersilie*
- *frischer Oregano*
- *frischer Majoran*
- *Zitronenmelisse*
- *1 Stängel Liebstöckel*
- *Pfeffer*
- *1 EL Ascorbinsäure*

Aufgepasst! Igitt! Es schmeckt viel zu salzig. Das ist richtig so, denn du benutzt es ja nur zum Würzen. Friere ein, was du nicht sofort brauchst.

Rasple die Möhren, den geschälten Sellerie, das Grün, den Kohlrabi und die geschälten Petersilienwurzeln fein in einen großen Topf. * Hacke die Kräuter klein und mische sie mit dem Salz, gib die Ascorbinsäure dazu. * Stampfe das Suppengewürz so lange, bis der Saft aus dem Gemüse tritt. * Fülle es anschließend portionsweise in kleine Gläser. * Drücke es im Glas noch einmal zusammen, bis das Gemüse vom eigenen Saft bedeckt ist.

WILDKRÄUTER-PÜREE-WÜRZE

- *100 g gemischte Wildkräuter*
- *20 g grobes Meersalz*
- *1 Messerspitze Ascorbinsäure*
- *1 Piri-Piri oder getrocknete Chilischote*

Verlese die Kräuter und hacke sie klein. * Mische sie mit dem Salz und der Ascorbinsäure und zerstampfe deine Würze so lange, bis der Saft austritt. * Fülle die Wildkräutermischung in kleine Gläser. * Drücke sie erneut zusammen, bis sie vom eigenen Saft bedeckt sind. Friere das, was du nicht brauchst, ein.

RAHELS WILDKRÄUTER PUR

- *100 g Wildkräuter, bitter und mild gemischt*
  ***mild:** Bärenklau, Giersch, Lungenkraut, Zitronenmelisse, Taubnessel*
  ***bitter:** Gundelrebe, Löwenzahn, zarte Topinambur-, Beinwellblätter, Brennnessel*
- *Olivenöl und/oder Rapsöl*
- *etwas Salz*
- *1 Messerspitze Ascorbinsäure*

Dieses Rezept stammt aus „Meine Wilde Freude“ von Rahel Bürger, einem sehr guten Wildkräuterbuch, das mit viel Liebe zusammengestellt wurde. Es ist so gut, dass wir es hier übernommen haben. Du kannst damit alle Gerichte würzen, Quark und Frischkäse aufpeppen oder es einfach nur aufs Brot essen.

Vermische dazu deine zerkleinerten Wildkräuter mit dem Olivenöl und den Gewürzen. * Fülle die Mischung in kleine Gläser. * Es muss so viel Olivenöl sein, dass alle Kräuter damit bedeckt sind. * Luftdicht verschlossen wird nichts schimmeln.

Es ist Sonntag und heute widmen wir uns der Schönheit, dem goldenen Honig und Kuchen!

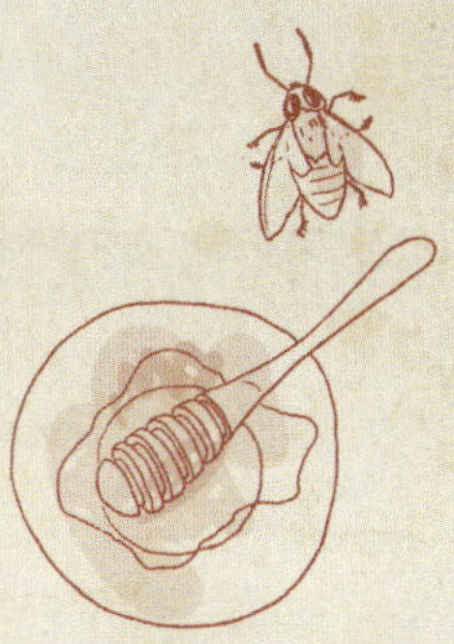

Honig

ist seit jeher Lebensmittel und Heilmittel in einem. Der Nektar, den die Bienen fleißig sammeln, steckt voller Vitalstoffe und leicht verdaulichen Zuckerarten, die in Maßen genossen richtig gesund sind. Honig spendet Energie und unterstützt den Stoffwechsel. Die harzigen Stoffe im Honig regen das Nervensystem und den Kreislauf an. Herz und Gemüt freuen sich über das goldene Tonikum. Bei Erkältung oder Halsweh kann ein Glas Ingwertee mit Honig und Zitrone Wunder wirken.

Für die Schönheit werden gerne Propolis, Bienenwachs, Honig und Gelee Royal eingesetzt.

Platz für Notizen:

NATURSHAMPOO MIT KRÄUTERN

Besorge dir von Duftstoff freies Naturshampoo aus dem Reformhaus. * Mische je nach Haarfarbe 2 EL Naturshampoo mit folgenden Kräutersuds:

Blondes Haar: Koche 1 TL getrocknete Ringelblume und Kamille sowie zerkleinerte Zitronenschale in ⅛ l Wasser auf.

Dunkles Haar: Koche 1 TL getrockneten Lavendel und Rosmarin mit ½ TL Gewürznelken auf.

Rotes Haar: Koche 1 TL Hibiskus und Ringelblume mit ½ TL Zimt auf.

* Lasse deinen Sud jeweils ½ Std. ziehen, filtere die Feststoffe heraus und mische ihn mit dem Naturshampoo.

HONIG-SHAMPOO GEGEN TROCKENES HAAR

› *1 EL Honig*
› *Ei*
› *1 EL Olivenöl*
› *Saft ½ Zitrone*

Schlage das Ei auf und gib jeweils einen EL Öl und Honig sowie den Zitronensaft hinzu. * Mische gut und massiere dein Shampoo in das handtuchtrockene Haar. Es schäumt nicht, reinigt aber. * Am Ende gut ausspülen – fertig.

HAARPACKUNG MIT HONIG UND EIGELB

- *1 EL Honig*
- *2 Eigelb*

Vermische Honig und Eigelb und trage deine Packung auf die frisch gewaschenen Haare auf. * Lasse sie circa 20 Min. einwirken und wasche sie dann mit einem sanften Shampoo (s. o.) aus.

GESICHTSMASKE MIT HONIG ZUR HAUTSTRAFFUNG

- *1 EL Naturjoghurt*
- *1 EL Honig*
- *1 Eiweiß*

Vermische die Zutaten und trage die Maske auf Gesicht, Hals und Dekolleté. * Nach circa 20 Min. spannt die Haut – dann kannst du alles wieder abwaschen. Ergibt eine zarte Babyhaut.

HONIG-MILCH-BAD FÜR TROCKENE HAUT

- *1 Tasse Blütenhonig*
- *1 l Milch*

Erwärme Milch und Honig vorsichtig, vermische sie und gib sie in dein Badewasser.

RICOTTA-TORTE MIT HONIG

- *125 g Honig*
- *4 Eier*
- *3 EL Lindenblüten- oder Weißdorn-Likör oder Grand Marnier*
- *1 TL Zimtpulver*
- *Schale von 1 Zitrone*
- *500 g Ricotta*
- *2–3 Bio-Orangen oder -Zitronen*
- *Akazienblütenhonig*

Heize den Backofen auf 170° C vor. * Belege eine Springform (25 cm) mit Backpapier und fette den Rand gut ein. * Schlage den Honig mit den 4 Eigelben zu einer schaumig-dickflüssigen Masse. * Mische den Ricotta mit einem der Liköre und rühre ihn dann mit der geriebenen Zitronenschale und dem Zimt ein. * Schlage den Eischnee zu festem Schaum und hebe ihn vorsichtig unter. * Fülle deine Kuchenmasse in die Form und backe sie 45 Min. * Schneide die Orangen oder Zitronen in feine Scheiben, entferne die Kerne und koche sie im Akazienhonig für einige Minuten. * Belege deine Torte damit. * Lasse sie anschließend einige Stunden, besser noch einen Tag, im Kühlschrank ruhen, bevor du sie anschneidest.

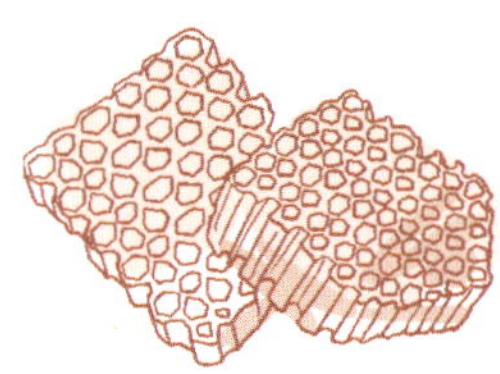

23. Juli

23.07. Hitze! Es ist so heiß und trocken, dass die ersten dunklen Holunderbeeren gleich an den Zweigen schrumpeln, die Mehrzahl allerdings ist noch grün. Dennoch finden wir einige Beeren für einen Holunderlikör und -saft. Und weil alles Obst dieses Jahr gleichzeitig reif wird, kreieren wir noch eine ungewöhnliche Vielfruchtmarmelade aus den Früchten, die uns unterwegs begegnen.

HOLUNDERBEERENSAFT MIT WEIN GEGEN ERKÄLTUNG

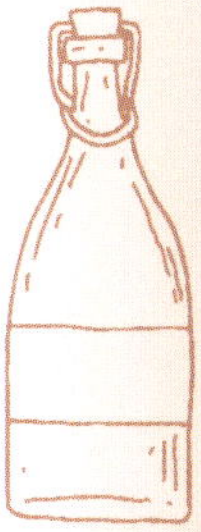

- *7 Dolden Holunderbeeren*
- *0,1 l Rotwein*
- *2 EL Vanillezucker*

Verlese die Beeren, wasche sie und koche sie in einem kleinen Topf zusammen mit dem Rotwein und dem Vanillezucker circa 20 Min. * Ergibt eine Tasse Saft.

HOLUNDERBEEREN-LIKÖR

- *7 Dolden Holunderbeeren*
- *1 Handvoll Holunderbeeren*
- *0,1 l Rotwein*
- *2 EL Vanillezucker, 1 Prise Zimt*
- *½ l Obstler*
- *100 g Kandiszucker*

Verlese die Beeren, wasche sie und koche sie in einem kleinen Topf zusammen mit dem Rotwein und dem Vanillezucker circa 20 Min. * Fülle mit Obstler auf und streue die Handvoll Holunderbeeren sowie den Kandiszucker hinein. * Stelle deinen Likör an einen warmen Ort und lasse ihn mindestens 6 Wochen ziehen. * Filtere ihn dann.

… Und der Salbei blüht wunderschön!

Salbei

[Salvia officinalis]

Wiesensalbei wächst an sonnigen Hängen, Böschungen und säumt Wiesen und Wälder. Mit Salbei stimmten die Griechen die Götter gnädig, die Römer nannten ihn „Wohlbefinden". Salvare bedeutet heilen – gesund und weise. „Sage", das englische Wort für die Weisen, wächst kräftig in den Gärten starker und weiser Frauen, so meint man. Gedeihen und Welken des Salbeis geben Auskunft über den wirtschaftlichen Erfolg und Reichtum des Menschen, in dessen Beet er sich aufhält. Die Bauern nahmen ihn zum Geldzauber und zur Unterstützung größerer Wünsche hinzu. Salbei reinigt und stärkt das Immunsystem, Salbeitee ist ein starkes Heilmittel bei Halsschmerzen und Magen-Darm-Erkrankungen. Das Gurgeln mit Salbei reinigt den gesamten Mund- und Rachenraum. Der Gartensalbei hat eine wesentlich stärkere Heilwirkung als sein wilder Bruder. Salbeiräucherungen reinigen die Aura von Altlasten, bringen Wärme, Kraft und rufen die Unterstützung der Ahnen herbei.

SALBEI-GESICHTSDAMPFBAD

- *1 Handvoll getrocknete Salbeiblätter*
- *2 l Wasser*

Gib die getrockneten Blätter in einen Topf mit kochendem Wasser. * Bedecke deinen Kopf mit einem großen Handtuch und bade dein Gesicht für 10 Min. über dem Topf im Wasserdampf. * Wirkt Wunder bei fetter, unreiner Haut.

SALBEI-ESSIG

› *frische Salbeiblätter*
› *Apfelessig*

Fülle ein Gefäß mit frischen Salbeiblättern und dem Apfelessig. * Nach 6 Wochen Reifung an einem hellen, sonnigen Ort kann gefiltert werden. * 1 TL im Glas versorgt den Körper mit ein Viertel des Kalziums, das er für einen Tag benötigt.

SALBEI-FUSSBAD

› *50 g getrockneter Salbei*
› *2-l-Gefäß, luftdicht verschließbar*

1 l kochendes Wasser wird über die Salbeiblätter gegossen und das Gefäß mit 1 l kaltem Wasser aufgefüllt. * Fest verschließen! * Den Sud 4 Std. ziehen lassen, durch ein Sieb gießen und auf eine angenehme Temperatur erhitzen. Vertreibt Fußschweiß und Müdigkeit.

SALBEI-BAD GEGEN NACHTSCHWEISS

› *3 EL getrockneter Salbei*
› *3 EL schwarzer Tee*
› *1 l Wasser*

Tee und Salbei mit kochendem Wasser übergießen, ½ Std. ziehen lassen, filtern und ins Badewasser gießen. * Erfrischt, beseitigt unangenehme Körpergerüche und regt den Kreislauf an.

August

August hielt eine ganze Schale
duftender Rosenblätter vor ihr Herz:
„Guter Duft die Sinne berührt,
unser Herz nun alles spürt und uns auf
wahre Wege führt."

Schnitterinfest – Lammas – Kräuterweih

Es ist der 2. August und Zeit für die Bauern, die Getreideernte einzufahren. Die Schneidewerkzeuge werden rechtzeitig zum Schnitterfest blitzblank poliert und geschliffen, denn jetzt ernten wir die letzten wirksamen Heilkräuter des Sommers – Baldrian, Schafgarbe, Beifuß, Arnika, Ringelblume, Salbei, Liebstöckel und Dill. Man merkt, dass es allmählich wieder dunkler wird. Das Jahr verliert langsam sein prächtiges Gewand und es stellt sich die Gewissheit ein, dass auch wieder ruhigere, nach innen gerichtete Zeiten kommen werden. „Lammas", der keltische Name dieses Jahreskreisfestes, bedeutet auch Brotlaib. Das Getreide wird umgewandelt in Brot, eine gute Grundnahrung für den Winter.

Nach alten Bräuchen pflücken wir jetzt einen dicken Kräuterstrauß und sammeln damit magische Kraft ein. Die Zauberkraft der Kräuter weihen wir mit Feuer und Rauch. Wer mag, fertigt sich ein rituelles Messer an, z. B. aus Holz. Damit können ungesunde Verbindungen durchtrennt werden.

9-KRÄUTERBROT

- *250 g Roggenmehl*
- *250 g Weizenmehl*
- *40 g Hefe*
- *½ TL Zucker*
- *¼ l lauwarmes Wasser*
- *1 Bund Wilder Rucola*
- *1 Bund Spitzwegerich*
- *Schafgarbenblättchen*
- *Beifußblättchen und -samen*
- *Wilde Möhre*
- *Rotkleeblüten*
- *Fenchelblättchen*
- *Wegwarte*
- *Koriander*
- *1 TL Salz*
- *Kümmel*
- *75 g weiche Butter*
- *30 g zerlassene Butter*

Das Mehl in eine Schüssel geben. * In die Mitte eine Mulde drücken. * Die Hefe hineinbröseln, den Zucker und 4 EL lauwarmes Wasser, ein wenig Mehl dazurühren. * Zugedeckt 20 Min. gehen lassen. * Die Kräuter hacken, mit dem gemahlenen Koriander, dem Salz und der weichen Butter vermischen und ebenfalls in die Mulde füllen. * Alles zu einem Teig kneten und daraus einen großen Brotlaib formen. * Die Oberfläche mit dem Messer in Zickzacklinien einschneiden. * Den Brotlaib auf eine gefettete Alufolie auf dem Backblech legen und weitere 30 Min. gehen lassen. * Dann den Laib mit der zerlassenen Butter bestreichen und 55 Min. bei 220° C backen.

Aufgepasst: Brennt mal die Pfanne oder der Topf an, ist's noch lange kein Drama. Ich bewahre immer eine Dose Cola light bei meinen Putzmitteln auf. Das Angebrannte damit gut bedecken und über Nacht einwirken lassen. Sogar hartnäckig Festgefressenes löst sich garantiert. Dazu muss die Cola light nicht einmal frisch sein! (Wir trinken sie natürlich nie bei dieser Wirkung.)

Wer keine hat, kann auch Backpulver nehmen, das ist fast genauso gut. Ein Päckchen in Wasser gelöst und das Angebrannte bedecken. Eine Weile köcheln lassen und sauber ist der Topf.

FLADENBROT AM OFFENEN FEUER

- *Mehl*
- *Wasser*
- *Öl, Kräuter, Kräutersalz*

Das Mehl mit dem Wasser, 2–3 EL Öl und dem Salz zu einem geschmeidigen Teig kneten. * Nach Belieben Kräuter zufügen und runde flache Fladen formen. * Die Fladen auf ein Brett oder Steine schlagen, bis alle Luft entwichen ist. * Sie garen in wenigen Minuten auf den heißen Steinen am Feuer. Dabei werden sie mehrere Male gewendet. * Wenn der Teig Blasen wirft, sind sie fertig.

Brot

Aus dem Fladenbrot, das schon vor mehr als 10.000 Jahren auf heißen Steinen gebacken wurde, entstand das erste gesäuerte Brot wahrscheinlich in Ägypten. Im Mittelalter verbreitete sich das Brot in ganz Europa und wurde bald schon zum Grundnahrungsmittel. Dabei wuchsen aus dem Brotlaib viele verschiedene Formen, wie (Sonnen-) Kugeln (Brötchen), (Mond-) Scheiben (Fladen), (Glücksknoten-) Brezeln, (Zeit-) Spiralen und geflochtene Zöpfe (die 3 Lebensfäden Vergangenheit, Gegenwart und Zukunft verbindend).

7. August

07.08. Heute pflücken wir hauptsächlich Spitzwegerich, Holunderbeeren und einige Brombeeren. Weil der Damm eine Fülle von blühenden Kräutern birgt, entsteht auch noch ein Wildkräuterpesto und wir trocknen einige Johanniskrautblüten und -blätter für den Wintertee. Die Holunderblüten und -blätter sind mittlerweile fertig getrocknet. Sie werden von uns für den Winter als Fiebertee aufbewahrt.

SPITZWEGERICH-SIRUP
FÜR HUSTEN UND BRONCHIEN

- *ca. 150 g Spitzwegerichblätter*
- *500 g flüssiger Honig*
- *250 g brauner Kandiszucker*
- *⅓ Tasse Wasser*

Püriere oder mörsere die Spitzwegerichblätter. * Löse den Kandiszucker in warmem Wasser auf und gib den Blätterbrei dazu. * Fülle mit Honig auf und köchle den Sirup bei offenem Deckel, bis er schön dickflüssig geworden ist. * Fülle ihn noch heiß in verschließbare Gläser. * Fertig ist der Hustensirup.

Noch stärker ist die Wirkung, wenn du ihn bei Bedarf in einen ausgehöhlten schwarzen Rettich füllst (siehe auch Seite 183). Hänge diesen mit der Spitze nach unten in ein Glas und fange den sich bildenden Saft auf. Schmeckt köstlich und löst sehr hartnäckigen Husten.

FUSSBAD MIT BREITWEGERICH UND BEIFUSS FÜR MÜDE FÜSSE

- *1 Handvoll gleiche Anteile Breitwegerich und Beifuß*
- *Wasser*

Schneide die Kräuter klein und bereite einen Tee. * Lasse diesen circa 15 Min. ziehen und gib ihn dann in eine kleine Wanne. * Fülle mit warmem Wasser auf, bis die Temperatur angenehm ist, und bade deine Füße 20 Min. darin.

WILDKRÄUTER-PESTO MIT DISTELÖL

- *50 g Haselnüsse*
- *2 Handvoll Wildkräuter – Steinklee, Labkraut, Rotkleeblüten, Wicke, Gänsefingerkraut, Löwenzahn etc.*
- *Salz, Pfeffer*
- *1 Prise Ascorbinsäure*
- *2 Piri-Piri oder getrocknete Chilischoten*
- *50 g geriebener Hartkäse*
- *Distelöl*

Wiege die Wildkräuter fein. * Würze mit Salz, Pfeffer und Piri-Piri. Mische die Ascorbinsäure darunter und schreddere die Nüsse. * Fülle mit Distelöl auf, bis alle Kräuter gut bedeckt sind. * Lagere das Pesto in einem verschlossenen Glas im Kühlschrank oder friere es ein.

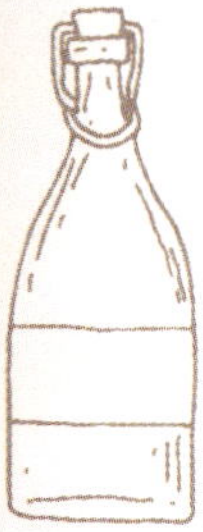

HOLUNDERSAFT

- *2,5 kg Holunderbeeren, einige davon mit Rispen*
- *1,5 kg brauner Zucker*
- *1 l Wasser*
- *½ Zitrone*
- *1 TL Ascorbinsäure*

Die reifen Beeren waschen und mit einer Gabel von den Stielen befreien, circa 10 % der Stiele daranlassen. * Gib sie in einen großen Topf und bedecke sie mit Wasser. * Lasse alles kurz aufkochen und dann circa 10 Min. weitersimmern. * Gieße den Saft durch ein feines Sieb und ein Geschirrtuch und presse die Beeren fest aus. * Lasse sie über Nacht durch das Sieb abtropfen. * Mische Zucker, Ascorbinsäure und die Zitrone in den Saft und koche die Lösung noch einmal auf. * Fülle den heißen Saft in kleine, sterilisierte Flaschen oder Gläser und verschließe sie sofort.

HOLUNDERBEERSUPPE

- *1 kg reife, frische Holunderbeeren*
- *4 große Äpfel*
- *Zucker*
- *Stärkemehl*
- *Johanniskrautschnaps oder Holunderlikör*

Die Holunderbeeren in sehr wenig Wasser weich kochen, durch ein Sieb passieren, zusammen mit dem Kochwasser wieder in einen Topf geben, eventuell Wasser nachfüllen, mit Zucker süßen und auf kleiner Flamme simmern lassen. * Die geschälten Äpfel in Schnitze schneiden und in der Suppe ziehen lassen. * Wenn sie weich sind, die Suppe mit Stärkemehl andicken. * Zum Schluss noch einen Schuss Johanniskrautschnaps oder Holunderlikör dazugeben.

17. August

17.08. Wir finden viele Schlehen, die schon reife Beeren haben. Wir frieren sie für ein paar Nächte ein, damit sie das Bittere verlieren. Außerdem pflücken wir die reifen Holunderbeeren. Sie ergeben einen köstlichen Saft, der sich bei Erkältungen und Grippe im Winter bewähren wird.

Schlehe

[Prunus spinosa]

Schwarzdorn, Haferpflaume, Bockbeerli,

Die reifen Früchte sammeln und einige Tage einfrieren. Sowohl die Blüten und Blätter als auch die Früchte besitzen heilende Kräfte. Die Schlehe wirkt leicht abführend, reinigt das Blut, wirkt bei Magenkrämpfen, Husten, verzögerter Menstruation, Nieren- und Gallensteinen und Nasenbluten. Gegurgelt hilft der Schlehensaft bei Zahnfleischentzündung. Setzt man Schlehenlikör an, eignen sich die alkoholdurchtränkten Beeren, die nach dem Filtern übrig bleiben, als Wildbeigabe.

Platz für Notizen:

SCHLEHEN-LIKÖR

- *400 g Schlehen*
- *0,1 l frisch gespresster Orangensaft*
- *1 Zimtstange*
- *1 Sternanis*
- *3 Nelken*
- *5 cm Zitronenschale*
- *0,5 l Grappa*
- *250 g brauner Kandiszucker*
- *1 Glas Rotwein*

Die gefrorenen Schlehen mit einer Nadel einstechen, einige davon mit dem Hammer zerklopfen, damit die Kerne aufbrechen. * Beeren und Mus in eine dunkle Flasche füllen, die Zutaten dazugeben, mit Kandiszucker, Rotwein, Orangensaft und Grappa auffüllen. * Gut schütteln. * 6 Wochen lang an ein warmes Fenster stellen. * Immer wieder schütteln. * Durch einen Kaffeefilter gießen und abfüllen. * Gut verschlossen kühl lagern.
Achtung: Wenn der Likör zu lange zieht, explodiert die Flasche!

Beim Kochen schneidet sich Elise in den Finger. Sie gibt Gundelreben-Wundöl auf den Schnitt und verschließt ihn mit einem kleinen Pflaster. Nach einer Stunde ist die Haut wieder zugeheilt.

GUNDELREBEN-WUNDÖL

- *Gundelreben-Blättchen, Olivenöl*

Sammle so viele Gundelreben-Blättchen, dass damit ein kleines Glas zu zwei Drittel gefüllt ist und schneide sie klein. * Fülle mit Olivenöl auf, bis alle Blättchen reichlich bedeckt sind. * Lasse dein Wundöl circa 4 Wochen an einem warmen, hellen Ort reifen. * Filtere dann durch einen Kafeefilter. * Im Kühlschrank aufbewahrt, behält es mindestens 2 Jahre seine Wirkung.

24. August

24.08. Die Apfelbäume hängen voller Früchte und der Spitzwegerich reckt seine schlanken Blätter der Sonne entgegen. Heute wollen wir uns eine Suppe kochen und einen leckeren Apfelkuchen backen.

SCHNELLE SPITZWEGERICHSUPPE

- *1 Handvoll Spitzwegerichblätter*
- *1 Glas Kraftbrühe (siehe S. 138) oder Gemüsebrühe*
- *Salziges Suppengemüse nach Belieben*
- *1 EL Butter*
- *1 ½ EL Mehl*
- *1 Tasse Milch*
- *1 Schuss Sahne*
- *1 Schuss Weißwein oder Zitronensaft*
- *Pfeffer, Salz, Muskat*
- *30 g Parmesankäse*
- *Petersilie*

Schneide den Spitzwegerich klein. * Bereite mit dem Schneebesen aus der geschmolzenen Butter und dem Mehl eine Schwitze und fülle langsam mit Brühe, Wein, Milch und Wasser auf. * Gib den Spitzwegerich dazu und lasse alles für circa 5 Min. köcheln. * Ein Schuss Sahne rundet die Suppe ab. * Parmesankäse und Petersilie dazu. * Fertig ist eine köstliche Vorspeise.

Urlaubszeit

… wir fahren in den Urlaub.

WOHER KOMMT EIGENTLICH DIE HEXE?

Bei den Germanen die Hagazussen, auf Schweizerdeutsch die Hägsen, sind Zaunreiterinnen, die über Grenzen gehen und Schwellen hüten, über das Hin und Her bestimmen und Zauber wirken. Der Hagazussa ist es ein Leichtes, über die Hecke hinüberzufinden, welche die sichtbare von der unsichtbaren Welt trennt. Zaunreiterinnen waren Kräuterkundige, alte Medizinfrauen, ihnen war es möglich, über die Hecke zu springen, um aus der „Anderen Welt" und von den Ahnen Rat und Hilfe zu holen.

Erst im Mittelalter bekam der Name Hexe einen üblen Geschmack – den Kirchenfürsten war es nicht recht, dass die Hagazussen ein so hohes Ansehen hatten. Um ihre Macht zu brechen, wurde ihnen das Heilen verboten. Diese Kunst sollte ab sofort nur noch von der Kirche ausgeführt werden.

Da sind wir aber froh, dass die Kräuterhexen heute weider etwas zu sagen haben!

Die Hexen haben frei, juchhei …

September

Septembe hatte Wegerich entzündet:
„Leichten Fußes woll'n wir gehen,
ohne Stehen Gutes sehen."

1. September

01.09. … weil endlich auch die Letzten wieder aus dem Urlaub zurückgekehrt sind, gibt es einen dicken Schweinebraten. Umhüllt wird er mit einer dicken Beifußkräutersalzschicht. Das macht ihn besonders würzig und versieht ihn mit der Kraft der Artemisia.

SCHWEINEBRATEN MIT BEIFUSS

- *1 ½ kg durchwachsener Schweinebraten*
- *2 EL Beifußsalz*
- *Olivenöl*
- *Pfeffer*
- *Suppengrün + eine kleine Tomate*
- *1 Zwiebel*
- *2 Knoblauchzehen*
- *Rotwein*
- *1 Lorbeerblatt*
- *½ Bund Petersilie*
- *Sahne*

Den Braten von allen Seiten mit dem Beifußsalz und dem Pfeffer einreiben, anbraten und dann auf dem klein gewürfelten Suppengrün, das zusammen mit der gewürfelten Zwiebel und dem Knoblauch kurz in Olivenöl angeröstet wurde, in einer feuerfesten Form anrichten. * Mit Rotwein begießen, die gewürfelte Tomate und das Lorbeerblatt dazugeben und bei 140° C circa 4 Std. niedrig garen. * Alle halbe Stunde mit dem Bratenfond begießen. * Den Braten auf einem Brett ruhen lassen und das Gemüse zu einer Soße pürieren. * Mit Salz und Pfeffer abschmecken und mit Sahne ablöschen. * Ein Schuss Wein oder Zitronensaft plus eine Prise Zucker runden die Soße ab. * Über den geschnittenen Braten gießen und mit Petersilie garnieren.

ROSMARIN-KÜRBIS-KARTOFFELN AUS DEM OFEN

- *1 Hokkaido-Kürbis mittlerer Größe*
- *8 festkochende Biokartoffeln, mittlere Größe*
- *3 Zweige Rosmarin*
- *Olivenöl*
- *2 Knoblauchzehen*
- *Pfeffer, Salz*

Den Hokkaido waschen und teilen. * Die Kerne entfernen. * Das Fruchtfleisch mit Schale in grobe Schnitze schneiden. * Die Kartoffeln waschen, circa 5 Min. kochen und mit Schale vierteln. * Die abgekühlten Kartoffeln mit den Kürbisspalten marinieren. * Dazu den Rosmarin grob hacken, die Knoblauchzehen fein schneiden und mit Olivenöl mischen. * Die Marinade über das Gemüse gießen und mit Salz und Pfeffer würzen. * Nach circa 1 Std. die Mischung auf einem Blech verteilen und bei 180° C circa 20 Min. backen.

23. September

Herbstfest – Mabon

Wir danken der Erde für ihre Gaben, die sie uns seit dem Frühling geschenkt hat und legen dazu ein Mandala aus Beeren, Blüten und Zweigen. Wir räuchern mit Beifuß und Salbei. Es ist Herbst-Tagundnachtgleiche, der **23.09.**

Herbstfest

Die Trolle träumen derweil schon vom Pilzesuchen und freuen sich auf einen ausgiebigen Waldbesuch in den kommenden Wochen.

MARONENKUCHEN

- *750 g Maronen*
- *75 g Zucker*
- *125 g Sahne*
- *150 g weiche Butter*
- *150 g Puderzucker*
- *100 g gemahlene Haselnusskerne*
- *1 Vanilleschote*
- *50 g Speisestärke*
- *5 Eier, 1 Prise Salz*
- *2 TL Kakaopulver*
- *Fett für die Form*
- *Puderzucker zum Bestäuben*
- *Backpapier*

Die Maronen mit einem scharfen Messer kreuzweise einschneiden. * Inzwischen in einem breiten Topf Wasser aufkochen. * Die vorbereiteten Maronen in das kochende Wasser geben und 25–30 Min. köcheln lassen. * Maronen auf einem Sieb abtropfen und leicht abkühlen lassen, dann die Schale entfernen. * Die geschälten Maronen klein würfeln und mit der Sahne und 50 g Puderzucker im Mixer oder mit dem Pürierstab fein pürieren. * Den Backofen auf 180° C (Ober- und Unterhitze; Umluft 160° C) vorheizen. * Den Boden der Springform mit Backpapier belegen. * Den Rand fetten. * Vanilleschote längs aufschlitzen, das Mark herauskratzen. * Die Eier trennen. * Die Eiweiße mit 1 Prise Salz steif schlagen, den Zucker unter Rühren nach und nach einrieseln lassen. * Die Butter mit dem restlichem Puderzucker und Vanillemark hell-cremig rühren. * Die Eigelbe nacheinander unterrühren. * Dann die Maronenmasse dazugeben. * Den Eischnee locker unterheben. * Gemahlene Haselnüsse mit Speisestärke und Kakaopulver mischen und locker unterheben. * Den Teig in die Form füllen. * Im Ofen (Mitte) circa 45 Min. backen. * Den fertigen Maronenkuchen aus dem Ofen nehmen und leicht abkühlen lassen. * Aus der Form lösen und sobald abgekühlt mit Puderzucker bestäuben.

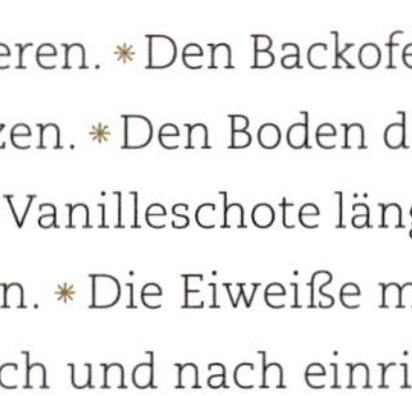

CHAI

- *800 ml Wasser*
- *400 ml Milch*
- *3 cm geschälten, geraspelten Ingwer*
- *6 geöffnete Kardamonkapseln*
- *3 Nelken*
- *1 TL Zimt*
- *2 Beutel Schwarztee*
- *1 Prise Chili*
- *1 EL Honig*

Das Wasser mit den Gewürzen und dem Ingwer 10 Min. kochen lassen. * Jetzt die Milch dazugeben und 3 Min. simmern lassen. * Die beiden Beutel Schwarztee dazugeben und 5 Min. ziehen lassen. * Den fertigen Chai mit ein wenig Chili würzen und durch ein Sieb gießen. * Mit Honig süßen. Ein wärmendes, wunderbar duftendes Getränk.

FRISCHE GRÜNE BOHNEN

- *1 Pfund grüne Bohnen*
- *2 Cocktailtomaten*
- *1 Zwiebel*
- *Bohnenkraut, Pfeffer, Sommersalz*

Die Bohnen putzen und ca. 2 Min. blanchieren. * Danach gleich ins Eiswasser geben, damit sie grün bleiben. * Die gewürfelte Zwiebel in Olivenöl anbraten, den Herd runter schalten und die Bohnen dazugeben. * Mit Bohnenkraut, Pfeffer und Sommersalz würzen. * Die fein geschnittenen Tomaten dazugeben, so bleibt das Gemüse schön knackig und saftig.

Oktober

Und Oktobe wünschte mit Gundelrebe:
„Wenn der Wandel voranschreitet,
seien wir stets gut begleitet und von
den Winden sanft geleitet."

11. Oktober

11.10. Jetzt ist richtige Kürbiszeit.
Wir kochen Suppe und backen einen leckeren Pie.

HOKKAIDO-KÜRBISSUPPE

- *1 kg Hokkaidokürbisfleisch mit Schale*
- *2 Zwiebeln*
- *2 Knoblauchzehen*
- *40 g Butter*
- *700 ml Gemüsebrühe oder Fleischfond*
- *1 Glas Weißwein*
- *Cayennepfeffer*
- *2 EL Johannisbeergelee*
- *1 Becher Crème fraiche*
- *Salz*
- *Weißer Pfeffer*
- *Muskatnuss*
- *1 Prise Piment*

Den Hokkaido entkernen und mit Schale in Stücke schneiden. * Zwiebeln und Knoblauch kurz anbraten, mit Weißwein ablöschen und Brühe dazugeben. * Mit Cayennepfeffer würzen. * Kürbisfleisch dazu und ungefähr 10 Min. köcheln lassen, bis der Kürbis zerfällt. * Dann pürieren und Crème fraiche, Johannisbeergelee, Salz, Pfeffer, Muskatnuss und Piment dazugeben. * Trockenes Toastbrot oder altes Brötchen in Würfel schneiden und in Butter in der Pfanne vorsichtig rösten. * Über die Suppe streuen.

Aufgepasst! Butternuss-Kürbis oder Hokkaido schmecken viel besser, wenn sie im Backofen mit Schale gegart werden. Außerdem lässt sich die Schale dann ganz leicht abziehen.

KÜRBIS-PIE MIT CASHEW-KERNEN

- *250 g Dinkelweißmehl oder Weizenmehl mit gemahlenen Haferflocken gemischt*
- *1 Pr. Salz*
- *125 g kalte Butter*
- *50 g Löwenzahn- oder Akazienhonig*
- *1 EL Wasser*
- *1 Ei*

Für die Füllung

- *500 g Kürbispüree (Hokkaido oder Potimarron)*
- *1 Becher süße Sahne oder 200 g Crème fraiche*
- *125 g flüssiger Honig*
- *4 mittlere Eier*
- *Zimt-, Ingwer- und Nelkenpulver*
- *Schale einer Bio-Orange*
- *120 g grob gehackte Cashew-Kerne*

Gare den in Würfel geschnittenen Kürbis im Wasserdampf (Hakaido mit Schale, Potimarron ohne) und püriere ihn anschließend. * Lasse das Püree im Sieb gut abtropfen. * Mische in der Zeit deinen Mürbteig, ohne ihn zu kneten, und rolle ihn zwischen Klarsichtfolie aus. * Lege den Teig in einer gefetteten Springform aus und lasse ihn in der Form im Kühlschrank ½ Std. ruhen. * Heize den Backofen auf 230° C. * Verrühre das Kürbispüree mit dem Honig und der Crème fraiche sowie den anderen Zutaten, füge die Gewürze dazu und fülle deine Masse in die Springform. * Backe 10 Min. bei 230° C, schalte dann für weitere 40 Min. auf 190° C zurück.

17. Oktober

17.10. … und endlich ist es so weit. Wir gehen in den Wald und finden Pilze. Es ist genau das richtige Herbstwetter. Einige Tage Regen und heute scheint die Sonne warm. Der Waldboden dampft und die Pilze lachen uns an. Wir finden Eselsohren, Maronen und Steinpilze und jede Menge wunderhübsche Fliegenpilze.

Fliegenpilze

sind zauberkräftig und wissen guten Rat zu allen möglichen Lebensfragen. Wir trocknen uns zwei und lauschen am Feuer ihren Geschichten. Dazu schließen wir die Augen und verbinden uns mit dem Geist der Fliegenpilze. Er hat ziemlich viel Humor …
Achtung, der Fliegenpilz ist giftig!!

SO BLEIBEN PILZE LANGE HALTBAR:

Steinpilze, Maronen und andere Schwammerl schneidet man in dünne Scheiben und legt sie auf ein mit Backpapier ausgelegtes Blech nebeneinander. Sie trocknen bei 50–60° C Umluft in circa 1 Std. Gegen Ende klemmt man den Stiel eines Kochlöffels in die Tür, so kann die Feuchtigkeit besser entweichen. ½ Std. vor Gebrauch in Weißwein, Wasser oder Brandy einweichen – und sie sind wieder weich und schmackhaft. Lecker ist auch, wenn sie zu Pulver zermahlen und in die Sauce oder ins Omelett gestreut werden.

Pilze mit festem Fleisch kann man auch gut einfrieren. In grobe Stücke schneiden und hinein in den Gefrierschrank.

PILZBUTTER

- *250 g Sauerrahmbutter*
- *2 Schalotten*
- *5 Maronen oder Steinpilze*
- *2 EL Cognac oder besser Weißdornschnaps*
- *Kräutersalz oder Bärlauchsalz*
- *Pfeffer*

Die Schalotten fein würfeln und zusammen mit den klein geschnittenen Pilzen kurz andünsten. * Mit dem Schnaps oder Cognac ablöschen. * Die abgekühlte Mischung mit der Butter verkneten und mit Salz und Pfeffer würzen.

RIESENSCHIRMLING-SCHNITZEL

- *1 Schalotte*
- *1 Riesenschirmling*
- *Petersilie*
- *1 EL Butter*
- *Salz, Pfeffer*

Wiege die Petersilie fein, schneide die Schalotte in winzige Stücke und viertle den Schirmling. * Dünste in der Butter die Schalotte an und brate den Schirmling zuerst auf seiner Dachseite, dann auf der Unterseite für einige Minuten, bis er gar ist. * Streue Petersilie darüber, würze mit Salz und Pfeffer und genieße dein köstliches Pilzschnitzel.

HERBSTTROMPETEN-KROKETTEN

- *1 kg Herbsttrompeten oder Steinpilze*
- *200 g Butter*
- *3 EL Mehl*
- *½ Tasse süße Sahne*
- *2 Eier*
- *200 g Weißbrotbrösel*
- *100 g gemahlene Mandeln*
- *Salz*
- *Pfeffer*

Die Pilze in etwas Butter 10 Min. schmoren lassen. * Die restliche Butter zerlassen und das Mehl hineinrühren. * Die Sahne dazugeben. * Es soll eine dicke Sauce entstehen. * Die Pilze dazugeben und vorsichtig vermischen. * Mit Salz und Pfeffer würzen. * Circa 2 cm hoch auf ein Blech schütten. * Kalt werden lassen und dann in viereckige Stücke schneiden. * Diese in verrührtem Ei wenden und mit den Mandel-Brotbröseln panieren. * Die Panade leicht andrücken. * Die Kroketten in heißem Fett jeweils 3 Min. backen.

„Drei Tage kommt's, drei Tage bleibt's, drei Tage geht's", hat Omi Gusti immer gesagt, wenn eine Grippe im Anmarsch war. Das hieß hinein ins Bett, unter Dampfbädern schwitzen und köstlichen heißen Holundersaft trinken. Noch besser wirkt er mit Rotwein gemischt.

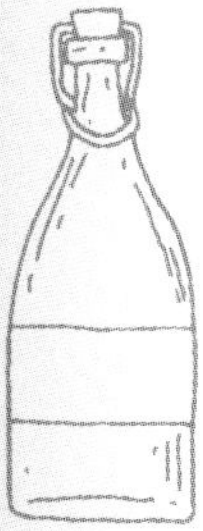

HOLUNDER-ROTWEIN-ERKÄLTUNGSSAFT

- *¼ l Holundersaft (siehe S. 162)*
- *¼ l Wasser*
- *¼ l Rotwein*

Mische alles in einem Topf, erwärme es, ohne zu kochen, und trinke den Erkältungssaft noch heiß. Schlaf gut!

INGWER-TEE GEGEN BEGINNENDE BLASENENTZÜNDUNG UND GRIPPE

- *1–2 cm Bio-Ingwerknolle ungeschält*
- *1 l Wasser*
- *Löwenzahnhonig (oder anderer)*

Den Ingwer ungeschält in grobe Stücke schneiden und diese in einem kleinen Topf in 1 l Wasser zum Kochen bringen. * 20–25 Min. köcheln lassen, erst dann entfaltet der Ingwer seine antibiotische und entzündunsghemmende Wirkung. * Mit viel Honig süßen und heiß trinken.

Halloween Ahnenfest

In der Ahnennacht, Samhain, sind die Schleier dünn und die verwobenen Netze der sichtbaren und unsichtbaren Welt sind deutlich spürbar. Unsere Vorfahren reisten jetzt in die „Andere Welt", um dort Rat zu erbitten oder noch offene Rechnungen zu begleichen, um Dinge zu klären oder einfach nur für Unterstützung und Schutz zu danken. In der Ahnennacht wurde seit jeher der Vorangegangenen gedacht, um den noch Kommenden den Weg zu bereiten und zu erleichtern, denn es lebt sich besser mit der Unterstützung und in Begleitung der wohlgesonnenen Ahnengeister.

Nach einem alten Brauch wird jetzt der Tisch um ein Gedeck erweitert. Damit sind die Ahnen eingeladen, am Festmahl teilzunehmen. Andere gehen mit Laternen zu den Gräbern und singen dort ihre Lieder. Wieder andere stellen den Geistern Speisen und Geldstücke an die Hintertür ihres Hauses, räuchern ihre Schwellen und Eingänge und erzählen sich Geschichten über das Werk ihrer Ahnen.

Wir schnitzen Kürbisse und räuchern, trinken den ersten Glühwein und erzählen uns lustige Geschichten über Verwandte, die bereits gestorben sind. Es ist die Nacht der Wahrsagerei, wir orakeln zu später Stunde, was uns die Zukunft bringen kann.

Hel und Hekate sind Hüterinnen der dunklen Zeit, die jetzt weiter ihren Verlauf durch die Unterwelt nimmt. Ihre Begleittiere sind Eulen, Hunde, Kröten, Iltis.

November

Novemba hatte mittlerweile lange Beifußstäbe gebunden. Als der dicke Rauch aufstieg, sang sie: „Schutz vor Üblem sollen wir haben, Macht im Herzen soll uns laben. Ungebrochen der Kreis auch im Eis."

16. November

16.11. Es ist ungemütlich draußen. Wir lesen uns Kräutergeschichten (siehe Seite 186) vor und brauen uns einen Hustensirup. Der hilft bei Halskratzen und löst festsitzenden Husten sofort.

SCHWARZER-RETTICH-HUSTENSIRUP-KONZENTRAT

› *1 Schwarzer Rettich*
› *einige Stücke brauner Kandiszucker*

Das löst hartnäckigen Husten: Schneide einen schmalen Deckel ab und höhle den schwarzen Rettich so weit aus, dass einige Stücke brauner Kandiszucker hineinpassen. * Setze den Deckel wieder auf den Rettich und hänge ihn mit der Spitze nach unten in ein kleines Glas. * Über Nacht wird der Sirup aus der Spitze austreten und ins Glas tropfen. * Der fertige Hustensirup schmeckt sehr gut und hilft! * Fülle dann noch einmal Kandisstücke in den Rettich und warte erneut, bis sich weiterer Sirup gebildet hat. * Das kannst du 2–3 Mal wiederholen.

Ist der Husten auch sehr stark,
mit Rettich wird's ein schöner Tag!

25. November

25.11. Es ist kalt und ungemütlich, zum ersten Mal in diesem Jahr können wir unseren Atem draußen sehen. Wir wollen Kardenwurzel ausgraben und eine Tinktur herstellen.

KARDENWURZEL-TINKTUR

› *½ Flasche Doppelkorn*
› *Kardenwurzel*

Die Kardentinktur wird aus den Wurzeln der Karde hergestellt. Die Wurzeln kann man im Spätherbst ausgraben. * Dann werden sie gründlich gewaschen. * Zerkleinere die Wurzeln mit einer starken Gartenschere. * Fülle die Stücke in ein Schraubdeckel-Glas, bis es halb voll ist. * Gieße dann den Doppelkorn so darüber, dass sie gut bedeckt sind. * Verschließe das Glas und lasse es 2–6 Wochen an einem warmen Ort ziehen. * Filtere dann die braune Tinktur durch einen Kaffeefilter und bewahre sie in einer dunklen Flasche auf. Sie hält mindestens 1 Jahr.

Die Kardenwurzel-Tinktur wirkt vitalisierend, harn- und schweißtreibend und stärkt das Immunsystem. Sie wird bei Borreliose, Warzen, gegen Gelbsucht und Leberbeschwerden, Magenkrankheiten, kleine Wunden, Gerstenkörner, Fisteln, Hautflechten und Nagelgeschwüre eingesetzt.
Dosierung: 3 x 20 Tropfen am Tag.

KARDENWURZEL-TEE

1 TL zerkleinerte Wurzel pro Tasse ersetzt ca. 20 Tropfen Tinktur.

SCHNELLE INGWERPLÄTZCHEN

- *360 g Butter*
- *1 Vanilleschote*
- *Schale ½ Zitrone*
- *240 g Puderzucker*
- *¼ TL Ingwersalz*
- *100 g brauner Zucker*
- *1 Eiweiß*
- *3 cm frisch geriebener Ingwer*
- *500 g Mehl*

Butter bei schwacher Hitze schmelzen. * In eine Schüssel gießen. * Vanilleschote längs aufschneiden und das Mark herauskratzen. * Butter, Puderzucker, Vanillemark, geriebene Zitronenschale, Ingwer und Salz schaumig rühren. * Mehl dazu rühren. * Teig vierteln und 4 Rollen formen. * Diese dann zu quadratischen Stangen drücken und im Kühlschrank fest werden lassen. * Braunen Zucker auf ein Tablett streuen. * Stangen dünn mit Eiweiß bestreichen, in dem braunen Zucker wenden und diesen leicht andrücken. * Dann die Stangen in ½ cm dicke Scheiben schneiden und diese in großzügigen Abständen auf mit Backpapier ausgelegte Backbleche verteilen, sie laufen ein wenig breit. * Nacheinander im vorgeheizten Backofen bei 220° C für 10–12 Min. backen. * Plätzchen auskühlen lassen und in Dosen verpackt lagern.

Der Hirsch und der Ehrenpreis

Es war eine laue Frühlingsnacht im April. Der majestätische Hirsch äste auf der Wiese sein Lieblingskraut, die kleine Bibernelle. Er liebte die feinen, nach Gurkenschale schmeckenden Blättchen. Die Hirschkühe, auf die er aufpasste, grasten selbstvergessen am Waldesrand.

Plötzlich hörte der Hirsch ein Geräusch, schreckte hoch und sah sich um. Hinter einem Baum lugte ein Jäger hervor. Zu spät, der Schuss knallte über die Wiese und schon fühlte der Hirsch warmes Blut an seinen beiden Hinterläufen hinunterrinnen. Ein Streifschuss.

Die Herde stob in alle Richtungen davon. Dem Hirsch aber gehorchten seine Beine nicht mehr. Er fiel ins weiche Gras, aus dem winzige blaue Blütenkelche herauslugten. Ein Meer an zarten Stielen mit herzförmigen, am Rand leicht ausgefransten Blättchen und blauen Blütenköpfen legte sich um seine Hinterläufe wie eine zarte Decke. Da kam ein großes Gewitter auf, der Blitz schlug in einen Baum ein und der Jäger rannte voller Angst davon.

„Hallo lieber Hirsch", sprach jetzt eins der Blümchen den Hirsch an. „Ich bin der Ehrenpreis und gehöre zur Familie der Wegeriche. Du wirkst, als hättest du ein Problem?" „Ja", sagte der Hirsch, „meine Hinterläufe tun so weh. Ich glaube, ich habe ein tiefe Wunde. Ich habe schon sehr viel Blut verloren." „Oh, da kann ich dir helfen!" Stolz reckte sich das Kräutlein dem Himmel entgegen. „Man nennt mich auch Heil aller Welt. Entspanne dich, zusammen mit meinen Brüdern und Schwestern will ich jetzt deine Wunden schließen."

Schon bald fühlte der Hirsch sich stark genug, wieder aufzustehen. Er humpelte zu seiner Herde und erzählte von seiner Begegnung mit dem Ehrenpreis. Die Hirschkühe waren beeindruckt von der großen Kraft des winzigen Kräutleins.

Sie stimmten ein Lied an, das bis heute in jedem Frühling zu hören ist. Es preist die Ehre des „Heils aller Welt" und erzählt von dessen wundersamen Kräften.

Dezember

Zum Schluss segnete Dezime das neue Jahresfeuer mit Salbei: „Reichtum und Fülle sei uns gegeben, verwoben mit unseren Ahnen das Leben."

4. Dezember

04.12. Bald ist schon zweiter Advent. Wir planen einen Spaziergang, um Beifußwurzeln auszugraben und finden eine majestätische Artemisia. Sie ist so mächtig und schön, dass wir sie als Vorweihnachtsbaum mit Blüten und Federn schmücken. Unter ihr können die ersten eingepackten Geschenke lagern.

Der Beifuß ruft in der dunklen Zeit die Norne der Träume herbei. Diese spinnt die Fäden der Zukunft und ihr können wir unsere guten Wünsche anvertrauen.

Die drei Nornen heißen Urd, Verdandi und Skuld. Sie sind die Schicksalsspinnerinnen am sausenden Webstuhl der Zeit und wohnen in den Wurzeln des Weltenbaums Yggdrasil, dort wo die Lebensquelle entspringt. Urd trennt Vergangenes, Verdandi spinnt den Faden der Gegenwart und Skuld setzt Zukünftiges auf den Weg.

Eine Esche weiß ich, heißt Yggdrasil,
Den hohen Baum netzt weißer Nebel;
Davon kommt der Tau, der in die Täler fällt.
Immergrün steht er über Urds Brunnen.
Davon kommen Frauen, Vielwissende,
Drei aus dem See dort unterm Wipfel.
Urd heißt die eine, die andre Verdandi:
Skuld hieß die dritte. Sie schnitten Stäbe;
Sie legten Lose, das Leben bestimmten sie
Den Geschlechtern der Menschen,
das Schicksal verkündend.

---

aus der Edda

Die Geschichte vom Weihnachtsbaum

Einige Wochen vor der Wintersonnenwende, dem Julefest, gingen die drei Nornen durch den Winterwald und berieten sich über die Bewohner, welche von ihnen wohl gerade für wen zuständig war. Das hörten zwei Geschwister und beschlossen, den Nornen für ihre weise Begleitung zu danken, und legten viele Geschenke für sie, die Feen und Waldgeister unter den schönsten Tannenbaum des Waldes. Wie eine Flamme, die hoch in den Himmel hineinreicht, war dieser gewachsen und überragte alle anderen Bäume um viele Spitzenlängen. Andere Dorfbewohner kamen vorbei und freuten sich über den Anblick der bunten Päckchen. Sie nahmen sich etwas und legten dafür anderes hin (niemals nahm einer nur etwas, ohne auch etwas zu geben), schmückten den Baum mit goldenen Kugeln und beschlossen, die Erde zu erfreuen und die Sonne zur Wiederkehr zu bewegen, indem sie Kerzen im Tannenbaum anzündeten und alle gemeinsam darum herumtanzten. Und weil es so viel Spaß machte, ist es bis heute so ähnlich geblieben.

Dieses Jahr gibt's einen Weihnachtsbaum aus Beifuß!

Zu guter Letzt basteln wir abends Weihnachtskarten und Geschenkanhänger aus den getrockneten Blüten und Blättern, die Elise in den letzten Wochen immer wieder mal in eine große Dose hineingesammelt hat. Dazu brauchen wir festes, dickes Papier, Kleber, die Blätter und Blüten und Glitzerfilzstifte für die Beschriftung. Und weil es sich besser bastelt mit einer Tasse Glühwein im Bauch, bereiten wir uns gleich einen zu:

ROTER GLÜHWEIN MIT SCHUSS

- *1 Flasche trockener Rotwein*
- *1 Stück Ingwer*
- *3 EL Honig*
- *3 Nelken*
- *2 Kardamomkapseln*
- *1 Zimtstange*
- *1 Vanilleschote*
- *1 Schnapsglas Brandy*
- *1 Bio-Orange mit einem Stück Schale*
- *1 Schuss Zitronensaft*

Erhitze den Rotwein vorsichtig, ohne ihn zu kochen, gib alle Zutaten bis auf den Brandy hinein und lasse den Glühwein auf kleiner Flamme mindestens 10 Min. stehen. * Ganz zum Schluss toppt ein Schuss Brandy die Tasse.

WEISSER HOLDA-GLÜHWEIN

- *1 Fl Weißwein*
- *2 TL Pfefferminze*
- *50 g Ingwer*
- *4 TL Honig*
- *4 TL Holundersirup (oder mehr)*

Erhitze die Zutaten vorsichtig und serviere den Holda-Glühwein heiß.

HONIG-GLÜHWEIN

› *½ l roter Traubensaft*
› *1 l Rotwein*
› *3–4 EL Honig nach Geschmack*
› *1 Zitrone*
› *½ Orange*
› *1 EL Zimt*
› *6 Kapseln oder 1 TL Kardamom*
› *3 Nelken*
› *1 cm Ingwerwurzel*
› *etwas Pfeffer oder Cayennepfeffer*

Die Zitrone auspressen, die Hälfte der Schale reiben, die Orange in feine Scheiben schneiden und halbieren, den Ingwer schälen und fein reiben. * Die Zutaten bis auf die Orangenscheiben in einen Topf geben, erhitzen, bis sich der Honig gelöst hat, und dann die Orangenscheiben kurz vor dem Servieren dazugeben. * Den Glühwein auf einem Stövchen heiß halten.

6. Dezember

Elise hat mir einen Adventskranz gebastelt.

06.12. Heute gehen wir auf den mittelalterlichen Weihnachtsmarkt und schauen uns nach Geschenken um. Wenn wir heimkommen, haben sicher alle Hunger. Deshalb bereite ich ein Backofengericht vor, dass nur noch ins Rohr geschoben werden braucht. Es lässt sich variieren, ganz nach Belieben und Kühlschrankinhalt. Vegetarier lassen das Huhn einfach weg.

HELENS BACKOFEN-ALLERLEI

Für 4–5 Personen

› *1 Butternuss-Kürbis*
› *1 mittlere Süßkartoffel*
› *5 große Kartoffeln*
› *3 Pastinaken*
› *Gemüse – z. B. Paprika, Möhren, Kohlrabi, Fenchel*
› *8–10 Knoblauchzehen mit Schale*
› *3 große rote Zwiebeln*
› *1 Huhn in grobe Stücke zerteilt*
› *viel Paprikapulver, am besten geräuchertes*
› *1 Glas Weißwein*
› *1 Schuss Balsamico-Beifuß-Essig oder selbst gemachter Rotweinessig (S. 64)*
› *4 cl Olivenöl*
› *Salz, Pfeffer*
› *3 EL Wildkräuterpesto oder Oregano*
› *Thymian, Rosmarin, Petersilie*

Schäle den Kürbis und teile ihn in grobe Stücke. * Schäle die Süßkartoffel und die Pastinaken, aber nicht die Kartoffeln und schneide sie in gleich große Stücke wie den Kürbis. * Schäle die Zwiebeln und achtle sie. * Lasse die Knoblauchzehen ganz und in der Schale. * Teile das übrige Gemüse ebenfalls in grobe Stücke, genauso wie dein Huhn. * Mische die restlichen Zutaten, den Wein, den Essig, die Kräuter und würze mit Salz, Pfeffer und geräuchertem Paprika. * Vermenge diese Mischung mit dem groben Gemüse-Kartoffel-Huhn-Gemisch und spicke die ungeschälten Knoblauchzehen dazwischen. * Gib alles in einen weiten Bräter, so dass die Zutaten nebeneinander liegen können. * Achte darauf, dass sie mit genug Öl umschlossen sind, sonst gieße nach. Nach circa 1 ¼ Std. bei 180° C mittlere Schiene im Backofen ist das Allerlei fertig. * Gemüse, Kartoffeln und Hühnerteile sollten knackig braun sein.

ADVENTSKRANZ

Die Tannenzweige mit einer Angelschnur zu einem Kreis zusammenbinden. * Zweige, die herausschauen, in den Kreis flechten. * Moos auf den Tannenzweigkranz legen und mit Angelschnur fixieren. * Rindenstücke unter die Schnur klemmen. * Den Kranz mit selbst gesammelten Fundstücken aus der Natur dekorieren.

GLÜCKSWICHTEL

bestehen aus Filz, Holzkugeln und Rinde. Sie erfüllen verschiedene Aufgaben, gärtnern oder leuchten oder hüten … , allerdings nur, wenn sie dazu aufgelegt sind und keine Streiche im Kopf haben. Manchmal sind sie frech und verwirren deine Gedanken, so wie es ihnen gerade einfällt.

Traumzeit

Hekate ist die Göttin unserer Vorfahren, die über die Nacht und die Wegkreuzungen wacht. Sie lässt uns erst weitergehen, wenn die Zeit reif geworden, unsere Seele bereit ist und sich für einen neuen Weg entschieden hat. Das Warten können wir nutzen:

In der dunklen Zeit rund um die Wintersonnenwende beginnt die Traumzeit. Jetzt lohnt es sich, ein Traumtagebuch zu führen, um herauszufinden, was unser Traumkörper über unser Leben denkt und empfindet, ob er Lösungen für uns hat oder Vorschläge für neue Schritte machen will.

Das Räuchern mit Beifuß oder auch ein Beifußtee am Abend unterstützt das Traumbewusstsein und ruft die Träumehütewesen herbei. Beifuß färbt die Träume bunt und bringt Leben hinein.

Traumtagebuch ...

Wenn wir unseren Träumen Aufmerksamkeit schenken, lauschen wir gleichzeitig unserer inneren Stimme. Sie ist meist sehr viel weiser als der gewöhnliche Verstand. Sobald wir sie klar vernehmen können, öffnet Hekate ihre Pforten und lässt uns die Wegkreuzung passieren. Weiße Speisen, Mehl und Milch sind Gaben, über die sie sich freut.

11. Dezember

11.12. Wir basteln uns ein Traumbeutelchen, dass wir bei unserem Bett aufbewahren und stellen uns ein kräftigendes Beifußwurzel-Öl her.

TRAUMBEUTELCHEN

- *Getrocknete Beifußblätter, -samen und -wurzeln*
- *Lavendelzweige, -blüten oder -blätter*
- *Salbeiblätter*
- *getrocknete Schafgarbenstängel, -blüten oder -blätter*
- *getrocknete Rosenblüten*
- *dünner Stoff*
- *Nadel und Faden*
- *Schnur*

Nähe dir ein Beutelchen passender Größe und lasse eine Seite offen. * Schneide hier so viele Löcher hinein, wie du brauchst, um die Schnur hindurchzufädeln, damit du es zuziehen kannst. * Fülle dann die Traumkräuter hinein. * Beifuß für die Lebendigkeit, Kraft und zum Schutz deines Schlafs, Salbei für die Weisheit und Klarheit der Träume, Schafgarbe für die Visionen und Zukunftsträume und Lavendel für das gute Einschlafen und zur Beruhigung des Traumgeschehens.

BEIFUSSWURZEL-ÖL

- *1 Beifußwurzel*
- *getrocknete Beifußblätter und -samen*
- *Olivenöl oder Traubenkernöl*

Fülle ein Glas mit der klein geschnittenen, getrockneten sauberen Wurzel und mit den getrockneten Blättern und Samen. * Gieße das Öl darüber und lasse es 6 Wochen lang stehen. Filtere dann durch einen Kaffeefilter und verwende das Öl zum Einreiben, um Nerven oder Muskeln zu beruhigen und zu stärken, oder in der Küche als Salatöl, für Kartoffel- und Gemüsegerichte.

FLAMBIERTE APFELRINGE
MIT WALDMEISTERSCHNAPS

- *4 feste Äpfel*
- *2 cl Waldmeisterschnaps (siehe S. 61)*
- *2 EL brauner Zucker*
- *1 EL Öl*
- *1 EL Butter*

Schäle die Äpfel und entkerne sie. * Schneide mitteldicke Ringe und brate sie in einem Butter-Öl-Gemisch von beiden Seiten an. * Streue den Zucker darüber, bis sie kandiert sind und flambiere mit dem Waldmeisterschnaps.

19. Dezember

19.12. … heute treffen wir uns das letzte Mal vor Weihnachten. Draußen regnet es Bindfäden. Wir machen es uns gemütlich beim Wintertee und beschließen, uns auf die Raunächte vorzubereiten.

Die Raunächte, der dreizehnte Abschnitt im Jahr

Raunächte – Räuchernächte – Modraniht – Mutternächte … Nach der Wintersonnwendsfeier, in der Nacht zum 25. Dezember, beginnen die Raunächte. Nach dem alljährlichen Sonnenstillstand werden die Tage jetzt wieder länger. Es ist die kostbare dreizehnte Zeit des Jahres, die bis zur Nacht des 6. Januars andauert. Nun bekommt das geheimnisvolle Dazwischen seinen Raum – die Pforten zur unsichtbaren Welt der Ahnen und Geister sind weit geöffnet. Jetzt wird orakelt, geräuchert, gefeiert, ausgewildert, dem dunklen Chaos Raum gegeben. Das Alte geht, die neue Ordnung soll sich nicht zu früh heranbilden. Erst wehen noch die wilden Winde der Geister, die sich niemals bezähmen lassen, aus allen Seiten herein und vermengen, verwischen, verweben und vertreiben. Damit starre Gewohnheiten gehen können, braucht es hierzu manchmal einen Sturm! Verwilderung ist angesagt. Gewöhnliche Arbeiten, Aufräumen und Wäschewaschen, sind in der dreizehnten Zeit eigentlich verboten, zumindest nicht empfohlen, denn sie stören den Lösungsprozess und die Innenschau.

Während in Österreich und Bayern die raunächtlichen Perchten ihr Unwesen treiben, bekommen die Italiener Besuch von der Weihnachtshexe Befana. Sie ist mit Frau Holle verwandt und mit der russischen Babuschka. Auch in Skandinavien und am Balkan gilt der Zeitraum der Raunächte als unsicher und unruhig, hier wird die bestehende Ordnung durch Geister, Trolle und Zwischenwesen gestört. Druden, Hexen und Kobolde lassen sich gerne in Unrat und Unordnung nieder. Die Seelen der Ahnen haben Ausgang. Das „Wilde Heer" tobt durch die Nacht, Orakel erlauben den Blick in die Zukunft und Zauber wirkt. Es wird geräuchert. Bei den Kelten und Germanen ist es die dunkle Zeit der Losnächte. Um die Zukunft vorauszusagen, ging man während der dreizehn Nächte um Mitternacht schweigend zu einer von Hekate gehüteten Wegkreuzung und „loste" Zeichen, um Wetter und Ereignisse deuten zu können. Für jeden Monat stand eine Nacht. Das gilt auch heute noch. Für Frau Holle, Freyr, Hekate, Befana, Babuschka und die Ahnengeister werden seit jeher bis zum Ende dieser besonderen Un-Zeit traditionelle Opferspeisen mit auf den Tisch gestellt. Außerdem heißt es, die Hexen reiten auf Stecken durch die Raunächte. Nun werden die Hexenbesen fürs kommende Jahresrund gewirkt und damit das alte Jahr ausgekehrt.

RAUNACHTSTAGEBUCH

Wir basteln uns 2 Losungs-Tagebücher für die dreizehn Raunächte und räuchern sie in ihre Kraft. Wir werden darin unsere Träume festhalten, Besonderheiten des Tages, das Wetter und außergewöhnliche Stimmungen. Außerdem schreiben wir alle Orakel hinein, die wir in diesen besonderen Nächten gelegt haben.

Jede Nacht und jeder Tag steht für einen Monat im kommenden Jahr. Der 25.12. für den Januar, der 26.12. für den Februar. Am Ende des Jahres können wir dann vergleichen, auf welche Art diese Raunächte prophetisch für uns gewesen sind.

… Da wir wie immer beim Malen kleckern, wird es Zeit für ein Waschmittel:

WASCHMITTEL

- *15 g Kernseife*
- *2 EL Waschsoda (aus der Drogerie)*
- *Schneebesen*
- *Schüssel*
- *Wasser*
- *1-Liter-Flasche*
- *ätherische Öle nach Belieben*

15 g Kernseife reiben und mit 350 ml kochendem Wasser übergießen, 2 EL Waschsoda dazugeben, mit einem Schneebesen verrühren und abkühlen lassen. * Wenn die Mischung fest geworden ist, wieder 350 ml Wasser aufkochen, mischen, rühren. Ein paar Tropfen ätherisches Öl hinzufügen (z. B. Zitrone, Orange) und bis zum nächsten Tag stehen lassen. * Jetzt noch einmal 350 ml Wasser erhitzen, dazugeben und abkühlen lassen, in die Flasche umfüllen und fertig. * Die Mischung vor Gebrauch gut schütteln.

... Und dann erfinden wir noch eine Geschichte für die Raunächte:

Der Segen der Raunächte

Es war in der Nacht zum 25. Dezember. Die Dunkelheit roch nach Kiefernzweigen, Kräuterrauch, Sturm und Veränderung. Alle Bewohner des Hauses schliefen schon tief und gingen ihren Träumen nach. Nur Wacholder, der schwarze, dicke Kater, und Krümel, die langhaarige, schwarze kleine Katze sprangen auf und schnupperten nervös in die sich verdichtende Spannung hinein. Da senkte sich ein Schatten vor dem Wohnzimmerfenster herab und das fast erloschene Kaminfeuer entfachte sich, wie von Geisterhand entzündet, neu.

Krümel und Wacholder versteckten sich unter dem Sofa und beobachteten den Kamin. Die züngelnden Flammen zogen einen starken Wind aus dem offenen Schacht in die Glut hinein und mit einem Fauchen tauchte darin der Schatten auf. Es knisterte und knackte laut, die Funken stoben und das dunkle Wesen teilte sich blitzschnell in 13 geisterhafte Gestalten, die wild und kraftvoll im Feuer tanzten. Immer höher züngelten die Flammen, immer lauter wurde das Feuer, es stampfte und zischte und züngelte in einem berauschenden Rhythmus.

Das war zu viel für die Katzen, mit zwei großen Sprüngen retteten sie sich durch die Katzenklappe nach draußen auf die Fensterbank des Wohnzimmers. Dort saßen sie im Schnee und schauten regungslos auf das rätselhafte Treiben im Haus.

Ungestört zeigten die Geister ihre wahren Gesichter, es waren die 13 Mondhexen, für jeden Monat eine und noch eine mehr. „Pfui, wie wohlig das alte Jahr hier stinkt“, rümpfte Jänna ihren großen gebogenen Zinken“, „es steht regelrecht im Raum und will nicht gehen, lasst es uns auf Hexenart vertreiben", und alle furzten, und rülpsten so laut sie nur konnten. Dabei fiel manch eine vor lauter Lachen um und rollte, sich den Bauch haltend, über den Boden. „Und alles so schrecklich aufgeräumt, die alte Ordnung habe keinen Bestand mehr", brüllte Febre, und blies das, was nicht niet- und nagelfest war, wild durcheinander. Die Bilderrahmen auf dem Kaminsims klatschten herunter und die Teppiche flogen durch den Raum. Die anderen Mondhexen fielen ein und fauchten, zischten, zerstoben und verwirbelten, bis nichts mehr auf seinem Platz war. „Und diese Sauberkeit, igitt, leblos und starr das alte Gefüge", kreischte Märe. Die Hexen spuckten, staubten und spannen wilde Spinnweben durch den Raum. Der Klee auf dem Fenstersims nutzte den Augenblick und reckte seine Stängel wie Tentakel durch das Zimmer, sie wurden dabei lang und länger. Er hatte riesigen Spaß daran, Decke und Wände mit seinem dickem Grün zu bedecken.

Die beiden Kätzchen erkannten ihr einst so gemütliches Zuhause nicht mehr, die Löffel tanzten mit den Gabeln, die Messer schmolzen in der Glut, die Teller rollten hin und her und die Kerzen brannten von selbst wild flackernd herunter. Als Dezembe dann auch noch zu guter Letzt mit lautem Gekreische „alles muss raus, alles soll anders", dafür gesorgt hatte, dass gar nichts mehr blieb, wurde es ihnen ganz unbehaglich zumute. Sie reckten die Köpfe, um noch besser zu sehen, und damit fielen die beiden Blumentöpfe auf dem Fenstersims klirrend zu Boden. Die Junihexe machte vor Freude einen Salto auf ihrem Hexenbesen, als sie es bemerkte und siehe da, auf einmal löste sich bei Wacholder ein großer Knoten im Hals, den er zuvor gar nicht wahrgenommen hatte, und Krümel streckte ihre Pfoten ganz weit aus, fast war ihr, als sei sie plötzlich ein Stückchen gewachsen. Ihr kleines Katzenherz war jetzt ganz frei. Plötzlich freuten sich die beiden auf das neue Jahr und sie hatten auch keine Lust mehr, wie festgenagelt auf dem Sims zu sitzen. Es zog sie hinaus in die Nacht, sie folgten ihr und sprangen davon.

Die Hexen lachten und gackerten, umfassten sich und hüpften im wilden Zickzack kreuz und quer durch den völlig geleerten Wohnzimmerraum. Sogar das Feuer im Kamin war erloschen bis auf einen winzigen Funken Glut. „Holt neues Gehölz", schrie April, „es ist so weit", und die Hexen stoben auseinander. Im Handumdrehen hatte jede ein anderes Holz in der einen Hand und ein Kraut in der anderen.

„Nun ist es Zeit, den Segen zu sprechen", gab Maia das Zeichen und summte dabei milde vor sich hin, leise in die Glut blasend und winzige Flämmchen erweckend.

Die 13 Mondhexen ließen das neue Feuer auflodern und versammelten sich konzentriert im Halbkreis, eine Mondsichel vor den goldenen Flammen bildend. Ganz ruhig war es geworden.

Jänne hob ihr Kräuterbüschel hoch über ihren Kopf und entzündete den Beinwell. „Knochen stark, bis ins Mark, dring' ein du Kraft, in Blut und Saft", sang sie und räucherte dicke Schwaden für den Januarmonat.

Febe hielt sich die schwelenden Bärlauchblätter vor den runzligen Bauch: „Verwoben der Zwirn in unsrem Gehirn, gute Ideen sollen entstehen", wünschte sie für den Februar.

Märe entzündete die Weidenrinde: „Verwandle das Weh und wirke, dass es geh', ewig das Sein, Erneuerung herein", murmelte sie und warf sie in das Feuer.

April räucherte mit Löwenzahn: „Mit Sonne im Blut fehle uns niemals der Mut", bekräftigte sie ihren Spruch mit einem lauten rhythmischen Stampfen.

In **Maias** Hand glommen bereits die Köpfchen des Schafgarbenbüschels: „Venus hebt die Augenbraue, so sie in die Zukunft schaue. Zuversicht soll uns ereilen und Glück sich sichtbar mit uns teilen."

In **Junis** linker Hand leuchtete das Johanniskraut: „In die dunkelsten Ecken unserer Seelen falle das Licht und wir erhalten das zweite Gesicht."

Und **Juli** wedelte Schwaden von entfachten Brennnesselblättern umher: „Mit aller Kraft fließe unser Lebenssaft, rot und rein, so soll es sein".

August hielt eine ganze Schale duftender Rosenblätter vor ihr Herz: „Guter Duft die Sinne berührt, unser Herz nun alles spürt und uns auf wahre Wege führt."

Septembe hatte Wegerich entzündet: „Leichten Fußes woll'n wir gehen, ohne Stehen Gutes sehen."

Und **Oktobe** wünschte mit Gundelrebe: „Wenn der Wandel voranschreitet, seien wir stets gut begleitet und von den Winden sanft geleitet."

Novemba hatte mittlerweile lange Beifußstäbe gebunden. Als der dicke Rauch aufstieg, sang sie: „Schutz vor Üblem sollen wir haben, Macht im Herzen soll uns laben. Ungebrochen der Kreis auch im Eis."

Zum Schluss segnete **Dezime** das neue Jahresfeuer mit Salbei: „Reichtum und Fülle sei uns gegeben, verwoben mit unseren Ahnen das Leben." Dann sangen sie alle gemeinsam das Lied der dreizehnten Mondhexe: „Eins sei dreizehn, wenn wir uns sehen, Altes soll gehen und Neues entstehen. Glück und Segen auf all unsren Wegen, Licht und Kraft die Reise ins Dunkle schafft."

Und beim ersten Lichtstrahl zum 6. **Januar** verschwanden sie wieder so schnell, wie sie gekommen waren.

26. Dezember

Für den Beginn der Raunächte geht Elise am **26.12.** an einen abgelegenen Ort im Wald, wo sich eine alte keltische Steinspirale befindet. (Genauso gut kann es sein, wenn man sich selbst eine Steinspirale legt oder selbst gesammelte Naturfundstücke für einen Spiralweg verwendet.)

Um für das zukünftige Jahr viel Kraft zu tanken, bin ich diese Spirale 13 Mal, für jede Raunacht und somit für jeden Monat, abgelaufen. Dabei habe ich mir für den jeweiligen Monat etwas gewünscht, was mir wichtig ist (z. B. im Monat April, dass ich viele junge Kräuter finde, im Monat Juli, dass mir die Natur noch viel zeigt und mir ihre Heilkunst beibringt, im Monat Januar, dass ich meine Prüfungen bestehe). In der dreizehnten Runde habe ich mir etwas für mein Leben oder für das Jahr als Ganzes gewünscht , was nicht einem bestimmten Monat zugeordnet werden kann (z. B. das meine Panikattacken aufhören).

Wichtig ist, dass man sich für dieses Ritual Zeit nimmt. Man darf nicht aus der Steinspirale ausbrechen, man muss sie immer bis zum Ende ablaufen, ohne zu unterbrechen. Konzentration ist wichtig, man sollte versuchen, sich vollständig auf die Natur einzulassen und ihr zuzuhören. Ganz am Ende der dreizehnten Umrundung habe ich sehr auf den Weg vor mir geachtet und nicht nur auf mein Innerstes. Somit habe ich viele Naturstücke wie Rinde, Bucheckern und Stöcke gefunden. Diese habe ich alle eingesammelt und mir noch einen kleinen Stein gesucht, sowie einen kleinen Ast mit Knospen, dieser soll das Neue und die Kraft verkörpern.

Zum Ende der Raunächte, also am 6. Januar, werde ich all diese Fundstücke mit all meinen Wünschen zusammen mit meinem Beifuß-Weihnachtsbaum verbrennen. In die Mitte lege ich den kleinen Stein und den Knospenast. Der Stein soll die ganze Kraft aufnehmen und mich das Jahr über als Talisman begleiten.

27.12. Es weihnachtet noch mehr – einmal gibt es bei uns alljährlich ein gutes Fondue. Hier sind einige Saucen:

Fonduesaucen

GRÜNE KRÄUTERSAUCE

- *200 ml Joghurt*
- *⅓ Becher Sahne*
- *½ Becher Saure Sahne*
- *1 EL Senf*
- *Salz, Pfeffer*
- *1 Prise Zucker*
- *1 Bund frische Kräuter: Petersilie, Schnittlauch, Kresse*
- *1 kleine Zwiebel*
- *2 Radieschen*
- *Saft und Schale von ¼ Zitrone*

Die Kräuter und die Zwiebel werden mit dem Wiegemesser fein zerkleinert, die Radieschen klein geschnitten und dann mit den restlichen Zutaten vermischt.

KNOBLAUCHSAUCE

- *200 ml Joghurt*
- *⅓ Becher Sahne*
- *½ Becher Saure Sahne*
- *1 EL Senf*
- *Salz, Pfeffer*
- *1 Prise Zucker*
- *4 Knoblauchzehen, gehackt*
- *1 Schuss Zitronensaft*

Zerkleinere die Knoblauchzehen mit Salz und mische die restlichen Zutaten darunter.

ROTE SAUCE

- *½ Becher Schmand*
- *Salz, Pfeffer*
- *Etwas Zucker*
- *Scharfes Paprikapulver, am besten geräuchertes*
- *1 getrocknete Chilischote, zerkleinert*
- *Frischer Oregano*
- *Frischer Thymian*
- *½ Dose gewürfelte Tomaten*
- *3 eingelegte getrocknete Tomaten*
- *1 Schalotte*
- *1 EL Tomatenmark*
- *1 Lorbeerblatt*
- *Rotwein*
- *1–2 Sardellenfilets*
- *1 TL Kapern*

Diese Sauce schmeckt sehr frisch und fruchtig. * Dünste die fein geschnittene Schalotte mit den zerkleinerten eingelegten Tomaten an, gib dann das Tomatenmark und die gewürfelten Tomaten dazu sowie die Gewürze und Kräuter. * Zuletzt kommen die zerkleinerten Sardellenfilets dazu und die Kapern. * Lösche die Sauce mit Rotwein ab und lasse sie ein bisschen einkochen. * Nachdem sie abgekühlt ist, kannst du sie mit dem Schmand verrühren.

SCHWARZE OLIVENPASTE

- *150 g schwarze entsteinte Oliven*
- *1 getrocknete entkernte Chilischote*
- *1 Schuss Zitronensaft*
- *2 abgetrocknete Sardellenfilets*
- *1 Zweig Rosmarin*
- *1 Zweig Thymian*
- *6 Salbeiblättchen*
- *100 ml Olivenöl*
- *3 Knoblauchzehen*
- *1 EL Kapern*
- *Salz, Pfeffer*

Die Kräuter grob hacken. * Dann alle Zutaten in den Pürierer geben und gut durchmischen. * Dabei das Olivenöl langsam einrieseln lassen.

… und hier noch ein einfaches winterliches Gericht für zwischen den Jahren

WIRSINGAUFLAUF

- *4 grobe Bratwürste, am besten Wildschweinbratwurst*
- *1 mittlerer Wirsing*
- *13 Kartoffeln mittlerer Größe*
- *2 Scheiben Gouda*
- *40 g Butter*
- *100 g durchwachsener Speck*
- *2 Zwiebeln*
- *1 Schuss Weißwein*
- *Kümmel*
- *Muskatnuss*
- *Schwarzer Pfeffer*
- *Brennnesselsalz, Beifußsalz*

Die äußeren dunklen Blätter des Wirsing entfernen, 6 weitere als Ganzes aufheben und die anderen in Rauten schneiden. * Die Kartoffeln schälen und in Stücke schneiden. * Salzwasser in einem Topf zum Kochen bringen und die Wirsingblätter darin für 2–3 Min. blanchieren. * Die Blätter danach sofort ins Eiswasser legen, so bleibt ihre grüne Farbe erhalten. * Die Kartoffelstücke im Salzwasser garen, bis sie weich sind, Milch dazugeben, die Butter und den geriebenen Käse unterrühren, alles zu Brei zerstampfen, mit Beifußsalz und Muskat würzen. * Die Bratwürste anbraten und in Scheiben schneiden. * Erst den Boden einer Auflaufform mit Wirsingblättern bedecken, dann eine dünne Schicht Kartoffelbrei daraufgeben. * Den Speck braten, eine gewürfelte Zwiebel dazugeben – den geschnittenen Wirsing anbraten und in die Auflaufform geben. * Mit einem Schuss trockenen Weißwein ablöschen und kräftig mit Brennnesselsalz, Kümmel und Pfeffer würzen. * Die Bratwurstscheiben auf dem Kohl verteilen. * Die zweite Zwiebel in Ringe schneiden und roh auf den Bratwurststücken verteilen. * Den Kartoffelbrei auf die Bratwurstschicht geben. * Den Auflauf im vorgeheizten Backofen für 40 Min. bei 180° C backen, bis er oben goldbraun ist.

31. Dezember

Prosit Neujahr! Es ist der **31.12.** Dieses Jahr geht es ruhig zu, wir sitzen in Irland am Feuer und erzählen uns Geschichten über unsere Mütter, Elise feiert mit ihren Freunden in Deutschland.

SYLVESTERBRATEN – ROASTBEEF IM SALZMANTEL

- *1 kg Rumpsteak*
- *Pfeffer*
- *Olivenöl*
- *2 kg grobes, naturbelassenes Meersalz*
- *1 Eiweiß*
- *1 Knoblauchzehe, fein gehackt oder 1 EL eingelegte Bärlauchsamen*
- *8 Salbeiblätter*
- *3 Rosmarinzweige*
- *frischer Thymian*

Das Rumpsteak weitgehend vom Fett befreien, ein bisschen sollte dran bleiben. * Mit Pfeffer würzen und in einer Pfanne im Olivenöl rundum anbraten. * Abkühlen lassen. * Das Salz mit 40 ml Wasser und dem Eiweiß gut durchkneten. * Ein Drittel der Masse auf einem mit Backpapier belegten Blech verteilen. * Das Rumpsteak darauf legen und mit den Bärlauchsamen und den Kräutern bedecken. * Das restliche Salz um das Fleisch legen, bis es dicht eingepackt ist. * Das Blech in den vorgeheizten Backofen schieben – 200° C für 30–35 Min. * Ein Thermometer anbringen. Bei 52° C Kerntemperatur ist es innen schön rosa. * Den Braten aus dem Ofen nehmen und circa 10 Min. ruhen lassen. * Dann den Salzmantel aufbrechen, entfernen und servieren. Dazu passt eine feine Bärlauch-Butter, siehe S. 24.

Januar

Jänne hob ihr Kräuterbüschel hoch über ihren Kopf und entzündete den Beinwell. „Knochen stark, bis ins Mark, dring' ein du Kraft, in Blut und Saft", sang sie und räucherte dicke Schwaden für den Januarmonat.

1. Januar

01.01. Am Neujahrstag gibt es ganz traditionell Sauerkraut und Neujahrskrapfen. Das Sauerkraut sorgt für Reichtum während des ganzen Jahres, so sagt man, und die Neujahrskrapfen halten das Glück und die Nachbarn wohlgesonnen. Je mehr Glück wir teilen, desto reichlicher kehrt es zu uns zurück. Gebildbrot als Glücksbringer zu backen und zu verteilen ist ein sehr alter Brauch.

In Frankreich bäckt man am Ende der Raunächte, am 6.1., die Galette. Wer die Fève, die eingebackene Figur, bekommt, wird zum König des Tages gekrönt und darf sich eine Königin aussuchen.

GALETTE DE ROIS

- *2 Blätterteigrollen (rund kaufen oder schneiden)*
- *50 g Puderzucker*
- *50 g geriebene Mandeln*
- *50 g kalte flüssige Butter (kalt, damit später die Eier nicht verklumpen)*
- *2 Eier*
- *1 EL Mehl*
- *1 paar Tropfen Mandelaroma*
- *1 Prise Salz*
- *1 EL Rum*
- *1 Porzellanfigur – Fève*
- *1 gebastelte Papierkrone*

Für die Glasur:

- *1 geschlagenes Ei mit 1 EL Sonnenblumenöl verrühren*

In einer tiefen Schüssel die kalte flüssige Butter, Eier, Mehl und den Puderzucker gut verrühren. * Die geriebenen Mandeln, das Mandelaroma, Salz und Rum hinzugeben. * Alles zu einer Masse vermischen, das ergibt später die Füllung.

2 große runde Blätterteigscheiben kaufen oder ausschneiden. * Der erste Kreis ergibt den Boden. * Die Füllung in die Mitte des Bodens geben und verteilen. Aufpassen, dass die Füllung nicht bis zum Rand reicht. * Die Figur an einen beliebigen Platz in die Füllung drücken und dort verstecken. * Den Rand des Bodens (ungefähr 1 cm), dort wo keine Füllung ist, mit der Glasur bestreichen. * Die zweite Blätterteigscheibe ergibt den Deckel, dieser muss genau auf den Boden passen. Damit das gelingt, gibt es einen ganz einfachen Trick. Falte den Kreis 4 Mal, sodass ein Dreieck entsteht. Die Spitze des Dreiecks in der Mitte der Füllung platzieren und auffalten. Die Ränder des oberen und unteren Kreises zusammendrücken. * Wichtig ist, dass keine Füllung herausgedrückt wird. * Den Deckel mit dem Rest der Glasur bepinseln. * In die Mitte des Deckels wird ein kleines Loch mit einem spitzen Messer gestochen. * Das ist der Ausgangspunkt für eine Spirale, die jetzt in die Galette geritzt wird. * Im vorgeheizten Backofen (Ober-Unterhitze) 10 Min. auf 180° C, dann 20 Min. auf 170° C backen.

Tipp: Wird der Deckel zu dunkel, ein Stück Alufolie darüberlegen und weiterbacken.

Brauch:

Ist die Galette am 06.01. fertig gebacken, wird die ganze Familie an den Tisch gerufen. Der/Die Jüngste setzt sich unter den Tisch und bestimmt, wer das erste Stück von der Galette erhält. Der Älteste schneidet die Galette in möglichst gleich große Stücke und verteilt sie in der angegeben Reihenfolge. Danach wird gemeinsam gegessen, wer die Fève in seinem Stück findet ist König bzw. Königin. Der König oder die Königin wählt dann eine andere Person zu seiner Königin oder zu ihrem König, indem er/sie die Fève in dessen/deren Glas wirft. Dann rufen alle am Tisch: „Es lebe der König, es lebe die Königin." Dies soll dem Paar das ganze Jahr Glück bringen.

6. Januar

06.01. Die Raunächte beschließen wir mit einem kleinen Ritual. Wir lesen das Raunachtstagebuch noch einmal durch, fassen das Wichtigste zusammen, suchen nach einem roten Faden und fahren dann zu einem Kraftort, um uns bei den wilden Geistern zu bedanken. Ich bin dieses Jahr am Strand von Marble Hill in Donegal. Der Sturm trägt alles davon, was unnötig geworden ist und die Wellen schäumen das Neue auf. Ich ziehe mir einen Kreis in den Sand und vertraue den Elementen an, welche Neustrukturierung ich mir für mein Leben wünsche, welche Prioritäten ich anders setzen will, damit es noch besser weitergehen kann. Inspiriert dazu haben mich die Raunächte. Im Januar sammeln sich die Kräfte und richten sich aus. Es ist der Monat der Reinigung, der Verdichtung und der Verinnerlichung. Jetzt können sich die Erlebnisse des vergangenen Jahres in Erfahrungen verwandeln, wenn wir uns Zeit lassen zum Verdauen und Verlesen der Ereignisse. Die astrologische Hüterin des Januars, die Steinziege, schaut genau auf das, was ist. Sie kennt das Maß, verwirft und sortiert aus, um möglichst unbelastet durch den dunklen Winter in den Frühling zu kommen. „Was ist dir wirklich wichtig?", fragt sie und fordert uns auf, den Diamanten in unserer Mitte zu schleifen:

Wenn wir der Dunkelheit vertrauen, wird uns das Licht nicht mehr schrecken. Du kannst dich der Stille überlassen und dort Kraft, Annahme und Verbindung finden. So übervoll ist das Leergewordene, lausche hinein:

Dein Leben ist eine Chance, ergreife sie.
Dein Leben ist schön, bewundere es.
Dein Leben ist ein Traum, verwirkliche ihn.
Dein Leben ist kostbar, hüte es – geh sorgsam damit um.

In liebevoller Aufmerksamkeit wende dich dir selbst zu:
Wenn nicht du dein Leben schätzt, wer dann?
Wenn nicht du dich achtest, wer dann?
Wenn nicht du dem, was dir begegnet, einen Wert gibst, wer dann?

Dein Leben ist Reichtum, verteile ihn.
Dein Leben ist ein Rätsel, löse es.
Dein Leben ist eine Herausforderung, nimm sie an.
Dein Leben ist ein Abenteuer, wage es.
Dein Leben ist geformt aus Liebe, schätze sie.
Dein Leben ist ein Lied, singe es.
Dein Leben ist Zauber, wirke ihn.
Du bist dein Leben, erfülle es.

… Jetzt in der kalten Zeit wirkt ein heißes Bad Wunder. Es reinigt, pflegt, erfrischt oder beruhigt und nährt Haut und Seele.

JOHANNISKRAUT-BAD

- *2 cl Johanniskrautöl (siehe S. 127)*
- *1 Becher Sahne*
- *2 EL Honig*

Das Johanniskrautbad bewirkt, dass wir uns wieder wohl in unserer Haut fühlen, besonders im Winter. * Es vertreibt Winterdeprimiertheit, erhellt das Gemüt und wärmt. Die Seele fühlt sich geborgen und angegriffene Haut wird wieder glatt und zart.

ANTI-STRESS-BAD

LEBE LUSTIG, LEBE FROH, WIE DER MOPS IM HAFERSTROH!

50 g Haferstroh mit kochendem Wasser übergießen. * 4 Std. ziehen lassen. * Die Flüssigkeit dem heißen Bad zufügen. Wirkt gegen Stress, Wintermüdigkeit, Erschöpfung, Krämpfe und andere Verspannungen.

PFLEGENDE SPRUDELBÄDER ZUR ERFRISCHUNG

- *1 EL Natron*
- *1 TL Ascorbinsäure*
- *getrocknete Kräuter nach Belieben, z. B. Verbene, Rosenblüten, Rosmarin, Melisse*

Fülle die Kräuter in ein Stoffsäckchen und gib die anderen Zutaten in das warme Wasser.

DUFT-SAHNE-HONIG-BÄDER FÜR EINE ZARTE HAUT

- *1 Becher Sahne*
- *3 EL Honig*
- *einige Tropfen naturreine Öle, z. B. Ylang-Ylang, Orange, Bergamotte, Sandelholz, Maytang etc.*

Die Sahne wirkt als Emulgator für die ätherischen Öle und zaubert zusammen mit dem Honig eine zarte, reine Haut. * Stelle dir eine Duftölmischung zusammen und gib einige Tropfen in den Becher Sahne. * Rühre den Honig ein und gieße die Sahne ins Bad.

SALZBÄDER ZUR TIEFENREINIGUNG

- *1 Pfund Totes Meersalz*
- *getrocknete Blüten und Kräuter*

Gib die Kräuter und Blüten in ein Stoffsäckchen. * Streue das Meersalz ins Bad und wirf das Säckchen dazu.

AUFGUSS-BÄDER FÜR HAUTPROBLEME

Koche ¼ l starken Tee aus den Kräutern deiner Wahl und gieße ihn ins heiße Badewasser. * Verwende z. B. Salbei bei trockener Haut, Thymian bei Hautunreinheiten, Schafgarbe zur Lösung von Krämpfen im Unterleib (Menstruation etc.).

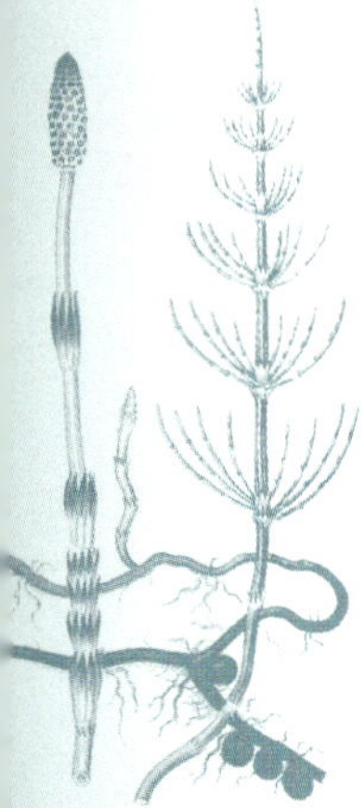

Schachtelhalm

[Equisetum arvense]

Ackerschachtelhalm, Pferdeschwanz, Zinnkraut

Der Schachtelhalm ist eine richtige Urpflanze. Die Jäger und Sammler unserer Frühgeschichte wanderten in den damals riesigen Schachtelhalm-Wäldern umher und lebten dort auch. Im Laufe der Jahrtausende schrumpfte der Schachtelhalm auf die heute genügsame Größe zusammen. An seinen vielen Gelenken kann man ihn auseinanderzupfen. Die Halme sind reich an Kieselsäure, die erst richtig austritt, wenn man die Heilpflanze 20 Min. lang auskocht. Kieselsäure stärkt die Zähne, Knochen und das Gewebe.

Ein Schachtelhalm-Bad beugt Alterung vor und strafft Haut und Gewebe. Gut gegen Cellulitis! Bei starken Beschwerden kann eine 4-wöchige Kur mit Schachtelhalm-Tinktur – 3 x 20 Tropfen täglich helfen.

… Die zweite Hälfte des kalten Wintermonats nutzen wir ab jetzt zum Entschlacken. Wir trinken täglich unseren Blütentee zum Säure-Basen-Ausgleich, siehe S. 54, und Brennnesseltee zum Entwässern. Außerdem essen wir viel Grünes, enzymreiches Obst und Gemüse, selbst gekeimte Sprossen, Spirulina- und Chlorella-Algen. So werden wir hoffentlich die Weihnachtspfunde wieder los.

Elise bastelt sich noch einen Traumfänger. Ab heute Nacht werden alle schlechten Träume von den Perlen gefangen. Nur die guten fliegen durchs Netz.

TRAUMFÄNGER

- *Birkenäste*
- *Kordel, 1 dicke und 1 dünne*
- *verschiedene Perlen*
- *1 Mittelstein*
- *Federn*

Wickle die dicke Kordel um die Birkenzweige, sodass ein Kreis entsteht. * Wickle die dünne Kordel in großen Abständen um den Kreis. * Wenn der Kreis geschlossen ist, fädelst du die Kordel locker von hinten nach vorne durch jede Schlaufe. So entsteht die erste Reihe deiner Traumlöcher. * Wiederhole das Fädeln Reihe um Reihe, bis du in der Mitte ankommst. * Die Perlen bringst du unterwegs an wichtigen Knotenpunkten unter. * Den Mittelstein befestigst du am Schluss.

Februar

Febe hielt sich die schwelenden Bärlauchblätter vor den runzligen Bauch: „Verwoben der Zwirn in unsrem Gehirn, gute Ideen sollen bestehen", wünschte sie für den Februar.

4. Februar

04.02. Heute feiern wir Brigidh und fahren deshalb zum Donnersberg. Wir begrüßen das Licht und begeben uns auf einen Medizinwalk zur Erneuerung und für eine Vision, die uns das Jahr erhellen kann.

Dabei treffen wir auf einige lustige Kobolde und Waldhexen, die uns etwas zuraunen. Sie bewerfen uns mit Schnee, bringen uns dazu, die alten dunklen Jahresreste von uns abzuschütteln, erzählen uns knarrend und gaksend ihre Geschichten, während wir immer leerer werden auf unserem Weg. Nach einer Weile wird klar, dass wir unser neues Jahr vergnügt und mit Leichtigkeit beginnen werden.

Wir machen noch ein kleines Beifuß-Schafgarbenfeuer zur Reinigung und Erneuerung. Damit ist der Weg frei. Wir sind schon gespannt auf das, was kommen mag.

Wir hoffen, euch hat unser Kräuterjahr genauso viel Spaß gemacht wie uns und ihr habt gut *mitkräutern* können.

Bis bald, Ulla & Elise

PFLANZENVERZEICHNIS

GLOSSAR

deutsch – österreichisch

Quark = Topfen
Saure Sahne = Sauerrahm
Kordel = Schnur
Karaffe = Krug
Sprudelwasser = Sodawasser
Hackfleisch = Faschiertes
Mehlschwitze = Einbrenn
Gemüsebrühe = Suppenkonzentrat
Pellkartoffeln = Erdäpfel mit Schale
Papiertüte = Papiersackerl
Pfannkuchen = Palatschinke
simmern = köcheln
Kraftbrühe = Rindsuppe
Möhre = Karotte
Maronen = Edelkastanien
Marone (Pilzart) = Speiseröhrlinge
Schalotte = Zwiebel
Panade = Panier
Bräter = Brattopf
Schmand = Crème fraiche
Wirsing = Kohl

Ulla Janascheck
studierte Biologie, Kommunikationsdesign und Literaturwissenschaften. Sie leitet seit vielen Jahren Frauenseminare und ist Autorin von 7 Büchern. Ihre Begeisterung für Mythen, Naturreligionen, Rituale und Kräuter führte zum kreativen Wildkräuter-Austausch.
www.ulla-janascheck.de

Elise Richer
studiert Rechtswissenschaften an der Uni Mainz. Vor drei Jahren entdeckte sie ihre Liebe zu den Wildkräutern. Seitdem begibt sie sich mit Ulla jeden Donnerstag auf die Reise zur Erkundung und Erforschung der Natur.

Manuel Siesenop
studiert Technisches Gebäudemanagement an der Fachhochschule Mainz. In seiner Freizeit erweckt er gerne Trolle, Hexen und Elfen zum Leben. Er hat für dieses Buch die Zeichnungen gemacht.

freya BUCHTIPPS

Siegrid Hirsch, Felix Grünberger

Die Kräuter in meinem Garten

Heilung durch Pflanzen und Planeten

Seit 1996 wird es immer wieder neu aufgelegt, mit den neuesten Informationen versehen, durch Trend-Pflanzen, Gewürze und Kräuter, die für die Gesundheit neu entdeckt werden, ergänzt und grafisch überarbeitet. Pflanzen von A–Z.

ISBN 978-3-902134-79-0

Siegrid Hirsch

Kräuter-Rezeptbuch

Die geballte Kraft der Kräuter in über 350 authentischen Rezepten und Tipps aus der Volksheilkunde. Ein Ratgeber zur Herstellung wertvoller Hausmittel. Die Rezepte sind praxisgerecht und Schritt für Schritt leicht nachzuvollziehen.

ISBN 978-3-902540-00-3